少額債権の管理・保全・回収の実務

司法書士法人 F&Partners
司法書士 北詰健太郎

濱田会計事務所
公認会計士
税理士 濱田康宏

著

商事法務

推薦の言葉

　昨今の経済情勢は、長期デフレからの脱却を目指した政府の大胆な経済政策により、大きな転換点を向かえている。一部では国内企業の倒産件数が減少するなど明るい兆しも出てきているが、急激な円安や原油価格の下落などがあり、不安定化する世界情勢もあり、混迷の度合いはむしろ深まっているのではないだろうか。そのような時代においては、企業の業績も変動が激しいものとなろう。それゆえに自社の取引先に対する債権を確実に回収するということが、企業の存続を分ける重要なファクターとなる。

　債権の管理、保全、回収というものは、企業の根幹を支える業務である。そのためすでに優れた書籍も多く存在し、各企業に独自のノウハウも蓄積されていることであろう。

　しかし、少額債権ということではどうだろうか。おそらく大企業においては、費用対効果もあり、そもそも債権管理等の対象ともなっておらず、放置されてきた例が多いのではないだろうか。多くの中小規模の企業においては、一般的な債権管理等のノウハウも整備されていないところに、少額債権という取扱いが難しい問題の対応に苦慮しているのではないだろうか。

　本書は、そのような少額債権への対応実務について書いたきわめて希少な実務書である。筆者の北詰健太郎司法書士は、数多くの少額債権の回収実務と格闘してきた専門家であり、少額債権への実務対応を語ることができる数少ない人物である。また、北詰氏は実務に携わる一方で、私も副会長を務める一般社団法人与信管理協会の関西支部事務局長として、与信管理の体系化、学術化、普及促進に取り組んでいる。共著者である濱田康宏公認会計士・税理士は、すでに多くの優れた専門書を執筆し、税務会計業界において

たしかなプレゼンスをもった専門家である。この2人の専門家がタッグを組み、債権の保全から回収、そして回収不能が確定した場合の経理処理までを書いたところに本書の大きな意味があると考える。

 多くの読者が本書を手にとり、日常にあふれる問題である少額債権の対応の一助になることを願うものである。

平成27年2月吉日

早稲田大学名誉教授
TMI総合法律事務所顧問
堀　龍兒

はしがき

「3万円の新聞代を回収してもらえないか。」

　知り合いの新聞販売所の経営者からのこんな問合せから、私の債権回収の取組みが始まりました。債権の回収は、金額が少額であるから簡単であるというものではありません。むしろ、少額であるからこそ難しい部分が存在するのです。

　債権回収に関しては、すでに多くの書籍が出回っていますが、少額債権にフォーカスした書籍は少ないようです。このため私が少額債権の回収実務に取り組んでいくなかでも、参考になる文献は少なく、まさしく手探りで業務を行い今日に至ります。

　少額債権の未回収は、おそらくどの企業にも存在する身近な問題でありながら、具体的な対応策が論じられることは少なかったと思います。今、本書を手に取られている方も、いろいろと悩まれた末に、本書にたどり着かれたのではありませんか。

　本書はそのように少額債権への対応に悩まれている方に向けた書籍です。法律にあまり馴染みがない方でも、読んでいただきやすいように、わかりやすく端的に書いたつもりです。また実務に使っていただきやすいように各種書式も掲載したほか、公認会計士・税理士である濱田康宏先生のお力もお借りして、税務処理までを詳しく記載しました。

　債権回収の仕事は決して楽な仕事ではありませんが、企業の根幹を支える仕事であり、方法論さえ確立すれば大変やりがいのある仕事だと思います。多くの方が本書を基に少額債権への対応方法を確立していくことを望みます。

　本書を上梓するには、共に債権回収に取り組んだ、多くの依頼者の方々の存在が必要不可欠でありました。深く御礼申し上げます。また推薦文をいただきました早稲田大学名誉教授・TMI総合法律事務所顧問の堀龍兒先生、辛

抱強く原稿をお待ちいただいた株式会社商事法務取締役渡部邦夫様、最初に本書の企画をしていただいた公益社団法人商事法務研究会研究調査部次長杉山昌樹様にも深く御礼申し上げます。
　最後になりましたが、日々私を支えてくれるスタッフ、そして何よりも家族に感謝したいと思います。本当にありがとう。

　平成27年2月吉日

　　　　　　　　　　　著者を代表して
　　　　　　　　　　　　　　　　　　司法書士法人 F & Partners
　　　　　　　　　　　　　　　　　　代表社員　　北詰健太郎

凡　例

1. 法令名等の略記

法　法	法人税法
法　令	法人税法施行令
消　法	消費税法
消　令	消費税法施行令
法基通	法人税法基本通達

2. 判例表示

最判昭和51年12月2日民集30巻11号1076頁	最高裁判所昭和51年12月2日判決　最高裁判所民事判例集30巻11号1076頁

3. 判例集の略記

民　集	最高裁判所民事判例集
判　時	判例時報
判　タ	判例タイムズ
行裁例集	行政事件裁判例集
税　資	税務訴訟資料

目　次

推薦の言葉
はしがき
凡　例

第1章　総　論

- Ⅰ　債権回収とは何か ………………………………2
  - ❶　私たちに身近な債権回収／2
  - ❷　ビジネスにおける債権回収／2
  - ❸　債権の未回収が与えるインパクト／3
- Ⅱ　少額債権の特徴 …………………………………5
  - ❶　コストがかけられない／5
  - ❷　軽視されがち／5
- Ⅲ　少額債権未回収から発生するリスク …………6
  - ❶　風評リスク／6
  - ❷　社内不正リスク／7
  - ❸　社員のモチベーションの低下／7
- Ⅳ　債権回収の流れ …………………………………8
- Ⅴ　債権回収を行ううえで知っておくべき知識 ……10
  - ❶　債　権／10
  - ❷　債　務／11
  - ❸　時効（消滅時効）／11
  - ❹　時効の援用／14
  - ❺　内容証明郵便／14
  - ❻　債権譲渡／14

- ❼ 担　保／15
- ❽ 裁判所／15
- ❾ 法務局／15
- ❿ 民　法／16
- ⓫ 民事訴訟法／16

第2章　与信管理　⓱

- Ⅰ　与信管理とは何か················18
  - ❶ 私たちに身近な与信管理／18
- Ⅱ　定量分析と定性分析············19
  - ❶ 定量分析／20
  - ❷ 定性分析／20
- Ⅲ　与信管理にあたっての社内体制·········20
  - ❶ 社内ルールの作成／20
  - ❷ 与信管理を行ったことのない会社の場合／21
  - ❸ すでに与信管理を行っている会社の場合／22
  - ❹ 実効性のある与信管理実施に向けて／22
- Ⅳ　与信管理に使用するツール··········25
  - ❶ 登記事項証明書／25
    - （1）登記事項証明書の取得・25
  - ❷ 不動産の登記事項証明書について／32
    - （1）不動産の登記事項証明書とは・32
    - （2）土地の登記事項証明書の見方・34
    - （3）建物の登記事項証明書の見方・37
    - （4）共同担保目録について・37
  - ❸ 少額債権における着眼点／38
    - （1）所有物件か否か・38
    - （2）どこの金融機関と取引があるのか・40

　　　　(3)　その他の着眼点・41
　　❹　会社の登記事項証明書／43
　　　　(1)　会社の登記事項証明書とは・43
　　　　(2)　株式会社の登記事項証明書の着眼点・48
　　❺　ホームページ等／51
　　　　(1)　ホームページの着眼点・51
　　❻　インターネット地図／52
　　❼　企業調査会社のデータ／52
　　❽　官　報／52
　　❾　決算書／53
　　❿　相手方が個人の場合における特有のツール／53
　　　　(1)　課税証明書（所得証明書）・53
　　　　(2)　成年後見登記に関する書面・54

第3章　少額債権の管理・保全　❺❼

　Ⅰ　債権管理 ･････････････････････････････････ 58
　　❶　債権管理とは何か／58
　　　　(1)　なぜ債権管理が必要なのか・58
　　　　(2)　どうすれば債権管理がうまくいくのか・59
　Ⅱ　債権保全 ･････････････････････････････････ 64
　　❶　債権保全とは何か／64
　　　　(1)　取引条件による債権保全・65
　　　　(2)　相殺の利用・65
　　　　(3)　担保の利用・66
　　❷　担保とは何か／67
　　　　(1)　物的担保の分類・67
　　　　(2)　担保の効力・68
　　❸　よく利用する担保／69

　　　　(1)　抵当権（民法369条）・69
　　　　(2)　根抵当権（民法398条の2）・70
　　　　(3)　質権（民法342条）・71
　　　　(4)　譲渡担保・71
　　　　(5)　留置権（民法295条、商法521条）・73
　　　　(6)　保　証・73
　　Ⅲ　少額債権の保全では連帯保証の活用を………78
　　　❶　連帯保証のメリット／78
　　　　(1)　簡単である・78
　　　　(2)　費用がかからない・79
　　　　(3)　払ってもらえることが多い・79
　　　❷　連帯保証を取得するタイミング／79
　　　❸　誰を連帯保証人として獲得すべきか／80
　　　　(1)　代表者・80
　　　　(2)　役員、近親者・80
　　　❹　効果的に連帯保証人を取得するポイント／81

第4章　少額債権における債権回収　　㊷

　　Ⅰ　少額債権における債権回収……………………84
　　　❶　ポイント／84
　　　❷　対応策の指針の作成／84
　　Ⅱ　任意交渉による回収……………………………85
　　　❶　督促状の内容／86
　　　　(1)　督促状に記載すべき事項・86
　　　　(2)　シンプルな形式にする・87
　　　　(3)　段階により文言を変更する・87
　　　　(4)　脅迫的な文言は使用しない・87
　　　　(5)　文字の大きさ・88

❷ 郵送方法／89
　(1) 普通郵便・89
　(2) 特定記録郵便・90
　(3) 内容証明郵便・90
❸ 封筒にも工夫する／92
　(1) 窓あき封筒・92
　(2) 大きさ・93
　(3) 色・93
❹ 常に改善と工夫を行う／93

Ⅲ 交　渉 ………………………………………………94
❶ 交渉のポイント／94
　(1) 素早く連絡する・94
　(2) 一括弁済にこだわらない・95
　(3) 滞納の理由をヒアリングする・95
　(4) 期限を設定する・96
　(5) 記録を残す・96
　(6) 和解書を作成する・96
　(7) 交渉の場所をどうするか・101
　(8) 交渉に慣れるためにはどうしたらいいのか・101

Ⅳ 裁判所を利用した債権回収 ………………………103
❶ 裁判所を利用する／103
　(1) 裁判手続は高いか・104
　(2) 少額債権の回収でよく使う手続・105
❷ 簡易裁判所の特色／105
　(1) 許可代理人制度・105
　(2) 司法委員制度・106

Ⅴ 支払督促 ……………………………………………107
❶ 支払督促の意義／107

❷ 支払督促の特徴／108
　(1) 書面審査・108
　(2) 申立先・109
❸ 支払督促申立ての要件／109
　(1) 金銭その他の代替物または有価証券の一定数量の給付を目的とする請求であること（民事訴訟法382条）・109
　(2) 債務者に対し、日本国内で公示送達によらずに送達できる場合であること（民事訴訟法382条ただし書）・110
❹ 支払督促の流れ／110
　(1) 申立て・112
　(2) 仮執行宣言・115
❺ 督促異議／117
　(1) 督促異議とは・117
　(2) 督促異議による通常訴訟・118
❻ 少額債権の回収における活用ポイント／118
　(1) 支払督促は債権額140万円以内で活用する・118
　(2) 管轄裁判所の所在地に自社の営業所があるか・120
　(3) 書式を整理し、迅速な対応を行う・121

Ⅵ　通常訴訟による回収 ……………………………121
❶ 通常訴訟とは何か／121
❷ 通常訴訟の流れ／121
❸ 裁判管轄／122
　(1) 事物管轄・122
　(2) 土地管轄・122
　(3) 管轄に関する工夫・123
　(4) 費　用・124
　(5) 訴状の提出・124
❹ 送　達／128

❺ 証拠の提出／130
　(1) 証拠の自由・130
　(2) 書式の整理・130

❻ 期日の指定／132

❼ 訴訟が終結するとき／134
　(1) 判　決・134
　(2) 訴訟上の和解・135

❽ 積極的な訴訟の利用／135

Ⅶ 少額訴訟による回収 ……………………………136

❶ 少額訴訟とは／136

❷ 少額訴訟により訴訟を行うには／136

❸ 少額債権の回収における利用／137
　(1) 費用が通常訴訟と同じ・137
　(2) 敗訴リスク・138

Ⅷ 強制執行による回収 ……………………………138

❶ 強制執行とは／138

❷ 強制執行を行うには／139
　(1) 債務名義の獲得・139
　(2) 執行文の付与・139
　(3) 送達証明書・140

❸ 強制執行の種類／140
　(1) 不動産執行・141
　(2) 動産執行・141
　(3) 債権執行・141

❹ 債権執行について／141
　(1) 情報の収集・141
　(2) 管　轄・142

❺ 債権執行の流れ／142

- ❻ 費　用／142
- ❼ 必要書類／143
- ❽ 取立て／146
- ❾ 債権執行の積極的な活用を／148

第5章　不良債権の税務処理　　151

- Ⅰ　不良債権の税務上の取扱い ……………………152
  - ❶ 不良債権を貸倒処理することは実質的な債権の一部回収／152
  - ❷ 不良債権を放置することは、会社の資金繰りを圧迫し続ける行為／153
- Ⅱ　損金計上に必要な処理知識──概論 ………154
  - ❶ 不良債権の損失処理は、回収不能確定時期限定／154
  - ❷ 処理方法を間違えると、永久に損金処理不能／155
  - ❸ 回収可能性は、主観でなく客観的に判断が必要／156
- Ⅲ　損金計上に必要な処理知識──各論1 ………156
  - ❶ 貸倒損失と貸倒引当金の分業／156
  - ❷ 貸倒損失（3通り）／157
    - (1) 法的債権カットを伴う処理・158
    - (2) 回収不能見込みに基づく処理・158
    - (3) 時効に準じた処理・159
  - ❸ 形式基準の貸倒引当金を用いた貸倒損失処理／159
  - ❹ 実質基準としての貸倒引当金の利用／160
- Ⅳ　損金計上に必要な処理知識──各論2 ………162
  - ❶ 回収不能判断のための回収努力と判断時期客観化手段としての文書化／162
  - ❷ 時効に準じた処理（法基通9－6－3）はどのような場合に使えるか／163

❸　例外として貸倒引当金が使えない法人／164
　Ⅴ　損金処理の法務上の留意点 …………………… 165
　　❶　回収不能懸念の高い債権への債権保全の失敗／165
　　❷　法人税における損金処理・消費税における税額控除処理の困難化／166
　　　(1)　法人税における損失処理が困難になる・166
　　　(2)　消費税の税額控除ができなくなる・166

第6章　業種別事例紹介　⓰⓭

　Ⅰ　病　院 ………………………………………… 170
　　❶　意外と知られていない総合病院の未収金／170
　　❷　滞納者は何を考えているのか／170
　　　(1)　病院は儲かっている・170
　　　(2)　お金がない・171
　　　(3)　クレームがある・171
　　❸　病院側の問題点／172
　　　(1)　意識の問題・172
　　　(2)　責任の所在があいまい・172
　　　(3)　法的処置をとらない、とったことがない・172
　　　(4)　窓口対応の甘さ・173
　　❹　支払督促を多用したケース／173
　　　(1)　背　景・173
　　　(2)　選択した手続・174
　　　(3)　消滅時効のリスク・175
　　　(4)　本件の顛末・176
　　❺　手術代を踏み倒されたケース／176
　　　(1)　選択した手続・176
　　　(2)　内容証明郵便の不送達・176

　　　　(3)　現地調査・178
　　　　(4)　本件の顛末・178
　　❻　歯科治療費の未払いのケース／178
　　　　(1)　選択した手続・178
　　　　(2)　内容証明郵便の送付・179
　　　　(3)　本件の顛末・179
　　❼　従業員に対する貸付けを回収したケース／180
　　　　(1)　選択した手続・180
　　　　(2)　内容証明郵便の送付・180
　　　　(3)　本件の顛末・181
　　❽　現在入院中の患者に対する督促／183
　　　　(1)　選択した手続・183
　　　　(2)　内容証明郵便の送付・183
　　　　(3)　本件の顛末・184
　　❾　入院関係書類の作成ポイント／184
　　　　(1)　保証人か連帯保証人か・185
　　　　(2)　勤務先を書いてもらう・185
　　❿　病院・診療所の未収金管理と会計・税務／186
　　　　(1)　基金分の未収管理と窓口分の未収管理・186
　　　　(2)　窓口未収の会計管理・187
　　　　(3)　窓口未収の税務処理・189
　Ⅱ　老人ホーム……………………………………190
　　❶　増加する老人ホームの未収金／190
　　❷　なぜ老人ホームの未収金が発生するのか／190
　　　　(1)　本人が死亡している・190
　　　　(2)　連帯保証人に資力がない・191
　　　　(3)　意識の問題・191
　　❸　相続人に請求した事例／191

（1）相続人に請求する・191
　　　（2）本件の場合・192
　　　（3）戸籍を取得する・192
　　　（4）本件について・194
　　　（5）本件の顛末・195
　　　（6）相続人に請求する場合に注意すること・195
　　❹　老人ホームの未収管理と会計・税務／198
　Ⅲ　通信販売会社 ･････････････････････････････ 200
　　❶　発展する通信販売業界と未収金／200
　　❷　通信販売業界で未収金が発生する理由／200
　　❸　通信販売会社における未収金の問題点／200
　　　（1）単価が低い・200
　　　（2）滞納者が遠方に住んでいる・201
　　　（3）大量に存在する・201
　　　（4）与信管理がしにくい・202
　　❹　滞納の理由は何か／202
　　　（1）滞納理由その1──支払忘れ・202
　　　（2）滞納理由その2──経済的事情・202
　　　（3）滞納理由その3──入金済みと思い込み、入金済みと主張・202
　　　（4）その他の滞納理由・202
　　❺　通販会社での対応方法／203
　　　（1）ルール化・204
　　　（2）督促状の文言・204
　　　（3）督促状の送付方法・204
　　　（4）文字の大きさ・204
　　　（5）外部委託する・205
　　❻　初めて外部委託を行った事例／205

(1) 外部委託するということ・205
　　　(2) 督促状の打合せ・205
　　　(3) 弁護士名、司法書士名での督促の効果・208
　　　(4) 本件の顛末・208
　❼　他から変更したケース／209
　　　(1) どのような外部委託先に依頼すべきか・209
　　　(2) フィードバックしてほしい情報の整理・209
　　　(3) 督促状の作成・210
　　　(4) 本件の顛末・210
　❽　訴訟手続の内製化を行った事例／210
　　　(1) 訴訟手続か支払督促か・211
　　　(2) 証　拠・212
　　　(3) 訴訟を行うことの意味・212
　　　(4) 本件の顛末・212
　❾　通信販売会社における電話対応／213
　　　(1) 本人以外からの電話・213
　　　(2) 購入した覚えがないという電話・213
　　　(3) 怒り狂った電話・214
　❿　通信販売事業における未収管理と会計・税務／214
Ⅳ　商　社 …………………………………………………… 215
　❶　商社の未収金／215
　❷　従業員が勝手に購入したというケース／216
　　　(1) 選択した方法・216
　　　(2) Ｘ社社長出廷する・218
　　　(3) 本件の顛末・218
　❸　破産すると開き直ってきたケース／219
　　　(1) 資産の調査・219
　　　(2) 連帯保証獲得を目指す・219

　　　　(3) 交渉に臨む・219
　　　　(4) 結局訴訟へ・220
　　　　(5) Y社社長、弁護士に依頼・220
　　❹ 商社の未収管理と会計・税務／220
　Ⅴ　賃貸オーナー ·································· 222
　　❶ 賃貸経営と未収金／222
　　　　(1) 家賃滞納は空室よりもひどい・222
　　　　(2) 滞納者に対して淡い期待を抱かない・223
　　　　(3) 建物の明渡しとセットで考える・223
　　　　(4) 連帯保証人を取得する・223
　　❷ どうしても立ち退かない入居者のケース／224
　　　　(1) まずオーナーに理解してもらう・224
　　　　(2) 内容証明郵便を送付する・224
　　　　(3) 入居者Xの反応・226
　　　　(4) 訴訟提起・226
　　　　(5) 入居者X出廷する・230
　　　　(6) 本件の顛末・230
　　　　(7) 家賃滞納への備え・230
　　❸ 賃貸オーナーの未収管理と会計・税務／231

著者紹介／238

総論

第1章

● 第1章 総　論

Ⅰ　債権回収とは何か

❶　私たちに身近な債権回収

　「債権回収」と聞くと、読者の方はどのようなイメージをお持ちになるでしょうか。テレビドラマなどの影響から、「怖い」、「厳しい取立て」というイメージをもたれる方も多いと思います。しかし、私たちは日常生活を送っていくなかで頻繁に債権回収を行っています。たとえば、商品を納品してその代金に関して請求書を郵送した。これも「商品代金債権」を「回収」する行為です。もっと身近な例では、友人たち数人と飲み会をして、幹事が取り急ぎ代金を立て替えたとします。後日、幹事が参加者に「昨日の代金、1人4,000円だから支払いお願いね」と、参加費用を請求するのも、「立替金請求債権」を「回収」しているのです。このように私たちは意識していなくとも債権を回収するという行為を行っており、私たちの生活にとって縁遠いものではありません。

❷　ビジネスにおける債権回収

　世の中には多くの企業が多様なビジネスを展開しています。共通しているのは、どの企業も利益を上げていかなければ存続してはいけないということです。以下の図は売買取引の流れですが、ビジネスというのはおおむね**図表1－1**のような流れで行われます。

　チラシやテレビCM、ウェブサイトあるいは訪問営業などで自社商品の宣伝を行い、買主の購入申込みを取り付け、販売する。販売の時点で売上は上がりますが、代金を回収しなければビジネスの循環が止まってしまいます。

　ビジネスの循環が止まってしまえば、販売した商品に対して現金が入って

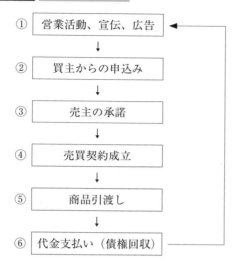

図表1-1 売買取引の流れ

① 営業活動、宣伝、広告
② 買主からの申込み
③ 売主の承諾
④ 売買契約成立
⑤ 商品引渡し
⑥ 代金支払い（債権回収）

こないわけですから企業の倒産につながります。債権回収とは、ビジネスの循環を正常化させる行為であり、ビジネスにおける必須かつ企業の存続の根幹に関わる業務といえるのです。

❸ 債権の未回収が与えるインパクト

商品単価が100万円で利益率が20％の商品があったとします。1個販売して、20万円の利益が出るという計算です。万が一、この商品の1個につき未回収が発生した場合、その損失を取り戻すには100万円×5個＝500万円の売上を必要とします（次頁図表1-2参照）。たった1個の損失を取り返すためにその5倍の労力を必要とするのです。当然販売するためには広告を行ったり、営業活動を行わなければなりませんから、表面的に表れる損失よりもその裏に隠れた損失のほうがはるかに重大だといえます。

●第1章 総 論

図表1-2　損失を取り返すには

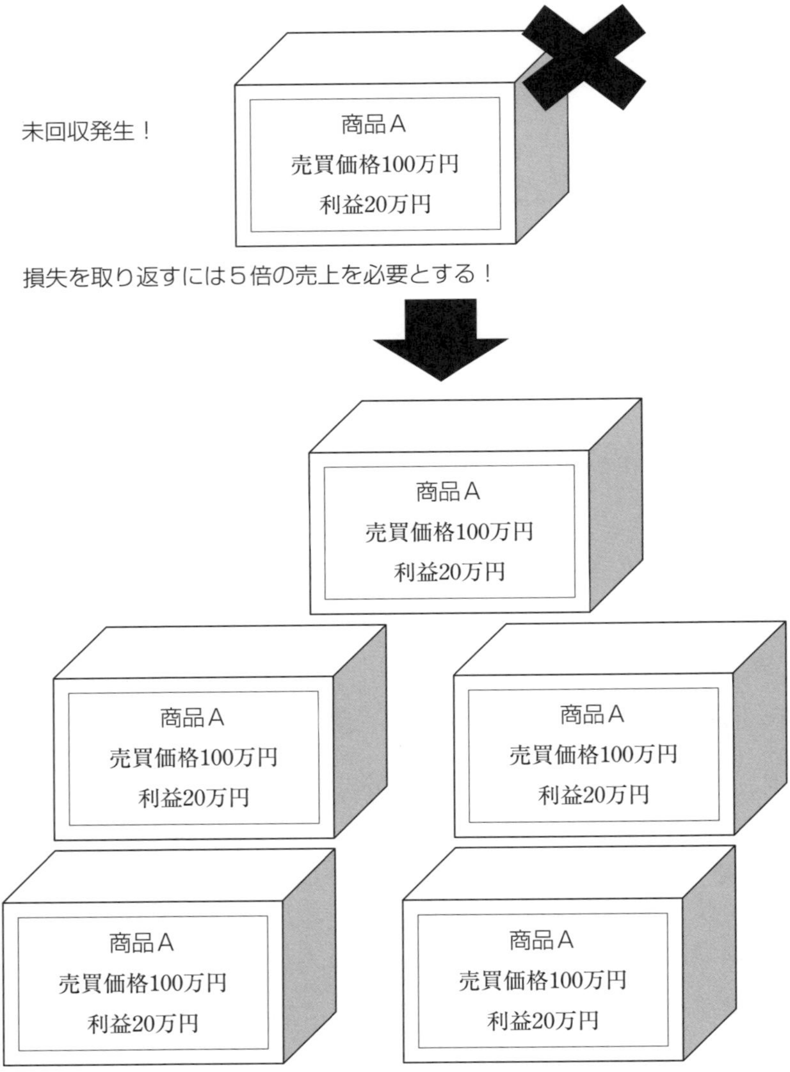

未回収発生！

商品A
売買価格100万円
利益20万円

損失を取り返すには5倍の売上を必要とする！

商品A
売買価格100万円
利益20万円

商品A
売買価格100万円
利益20万円

商品A
売買価格100万円
利益20万円

商品A
売買価格100万円
利益20万円

商品A
売買価格100万円
利益20万円

Ⅱ 少額債権の特徴

　本書は、債権回収のなかでも「少額債権」にフォーカスした書籍です。少額債権というとどこまでが少額で、どこまでが高額と定義するのかという問題がありますが、本書では少額債権を「金額にして100万円以下の債権」として定義しています。少額債権の特徴は次のとおりです。

❶　コストがかけられない

　少額債権の最大の特徴は、対応にコストがかけられないということです。たとえば100万円の債権回収に、弁護士費用や強制執行費用として120万円をかけていたのでは本末転倒といえるでしょう。そのため少額債権への対応はできるだけローコストで行うことが大前提となります。

　これまで少額債権の対応については深く検討することなく「コストがかけられない＝対策は不可能である」という考え方を多くの専門家や企業がとってきたため、少額債権への対応ノウハウは広く蓄積されていないという状態を招いています。「コストはかけられないが、そのなかでどういう対応をすべきか」という視点で考えるべきであり、限界まで考えぬくことが大切なのです。

❷　軽視されがち

　少額債権は、１つひとつの債権額が少額であるため、即時に経営に与える影響が低く、債権者側においても軽視されがちです。債権回収を行うのは多くの方にとって、面倒な仕事ですから、経営にただちに影響がないとなると、担当者としては何かと理由を付けて後回しにする傾向があります。経営側からも担当者に対して厳しい指導をせず、担当者の部署移動等でいつの間

にか責任の所在があいまいになってしまうという事態が、実際に発生しています。

　このことは債務者側にもあてはまります。1,000万円などの高額の債権であれば支払いが滞りそうな場合、債務者側から事前にその旨を通告してくることもあります。そのような場合は、未払いが発生する前に交渉により担保の取得を行うことも可能となります。少額債権の場合は、債務者がこのような対応をしてくることは少なく、未払発生の前に債務者の協力を得て債権保全を図ることは簡単ではありません。債務者がなぜ誠意のある対応をとらないのかといえば、そこにはやはり少額債権に特有の「これくらいなら支払いが遅れても大丈夫だろう」、「いざとなったら払えばいいだろう」という意識が働くためです。少額債権の対応としては、いざ未払いとなった場合には、債務者側の協力は得られないものとして対応したほうがよいでしょう。

Ⅲ　少額債権未回収から発生するリスク

　少額債権の未回収は、利益の喪失という以外にも派生的に発生するリスクを持っています。具体的には次のとおりです。

❶　風評リスク

　ある特定の業界あるいは地域に向けて商品を販売している場合、購入者同士が業務上の関係等で情報を交換していることがあります。典型的には建築業者に向けて資材を販売する商社等があります。少額債権に対しての対応が甘いと、「あそこは厳しい対応をしてこない」、「与信も一切かけられない」という情報が広まり、狙い撃ちにあうことがあります。資金繰りが厳しくなり必要な資材・備品の購入が既存の取引先からできなくなった会社が、同種の商品を取り扱う、債権回収の対応が甘い会社の噂を聞きつけ、支払能力が

ないにもかかわらず購入するのです。ほかにも通信販売を行っている会社のうち、対応が甘い会社に対して支払う意思がないにもかかわらず、注文を繰り返すというケースもあります。こうした悪質なケースの対象となると、1件あたりの債権金額は少額であっても累計すると無視できないほど高額な金額となりえます。

ネット社会の現代においては、いわゆる口コミによる情報の拡散以外にも、ネットにより容易にこうした情報が広まってしまうことも認識すべきです。

❷ 社内不正リスク

未収となった債権は社員による着服などの社内不正の手法として利用されることがあります。実際には回収できた債権を、回収できなかったと会社に報告し、自らのポケットに入れてしまう手法が典型です。少額債権の場合は特に罪の意識が低く、安易に不正に手を染めてしまう社員も存在します。未収先の会社に対して、会社として問合せを行ったり、訴訟を起こしたりという対応をとる体制があれば容易に発覚しますが、こうした体制がなければ回収を担当した社員が不正をしても発覚しにくくなります。

❸ 社員のモチベーションの低下

未収が積み重なれば、経営側からうるさくいわれなくとも社員としては精神的な負担をどこかに感じるものです。特に少額債権の回収についての社内的なガイドラインやノウハウの蓄積がなければ、社員としては行動を起こすことすらできません。時間だけが経過し、責任の所在があいまいになり、社員間で責任の擦りつけあいを行っているという会社も存在します。こうした状況が続けば、社員のモチベーションを下げることにつながります。

Ⅳ 債権回収の流れ

　債権回収はおおむね図表1-3のような流れで進みます。
　債権回収の流れのなかには、債権の未回収を未然に防止する与信管理業務や、未回収が発生しても損失が出るリスクを低減させる債権保全業務があります。
　債権回収の各段階について、それぞれノウハウが存在します。少額債権特有のノウハウというものも存在し、それらを習得していく必要があります。
　債権回収を円滑に進めていくうえでは、会社として機動的に行動するため、部署間の連携なども必要となってきます。

Ⅳ 債権回収の流れ

図表1-3 債権回収の流れ

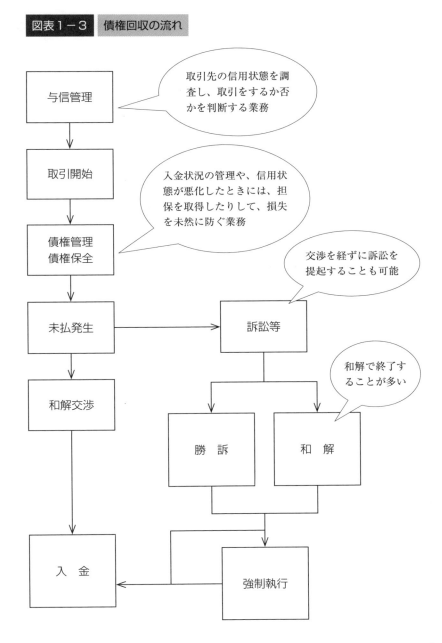

●第1章　総　論

V　債権回収を行ううえで知っておくべき知識

　法的な方法で少額債権の回収を行ううえでは、基本的な法律知識等を知っておく必要があります。まずは次の法律知識は身に付けるようにしましょう。

❶　債　権

　「債権」とは、ある人が特定の人に対して、一定の給付を請求することができる権利です。たとえば、価格が100万円の絵画を売買した場合、売主は買主に対して、絵画の代金100万円を請求することができます。これは法的

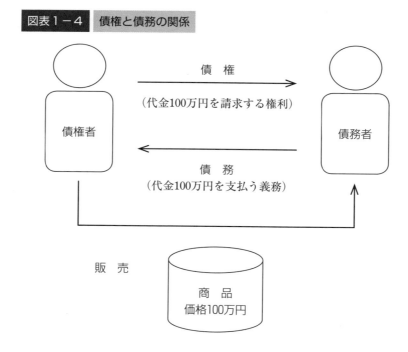

図表1-4　債権と債務の関係

にも売主が買主に対して、「売買代金を支払え」という権利、つまり売買代金債権を有しているからです。債権を持っている人を「債権者」といいます。

❷ 債　務

「債務」とは、特定の人に対して、一定の給付をしなければならないという義務です。❶債権の事例（図表1－4）では、売主は買主に対して売買代金債権を持つと書きました。買主の立場からすれば、売主に対して「代金100万円を支払う義務」、つまり、売買代金の支払債務を負っているといえます。債務を負担している人を「債務者」といいます。

債権や債務については、学術的にはさまざまな整理の仕方がありますが、少額債権の回収を理解するうえでは、債権とは金銭を請求する権利であり、債務とは金銭の支払義務であると理解しておけばよいでしょう。

❸ 時効（消滅時効）

「消滅時効」とは、権利を行使できるときから権利を行使せず一定期間が経過すると、権利行使ができなくなるという制度です。よく「飲み屋のツケは1年で時効」と耳にすることがあると思いますが、それは民法において、飲食店等の代金が1年で消滅時効にかかると定められていることによります（民法174条4号）。債権の時効は原則として10年、商行為による債権は5年とされているほか、医師の診療報酬は3年、商品の売買代金債権は2年というように債権の種類によって細かく定められています。債権の種類により定められた時効を「短期消滅時効」といいます。自社の債権が何年で時効とされているのかは必ず認識しておく必要があります（次頁図表1－5参照）。

現在、法制審議会民法（債権関係）部会において、民法のうち債権関係の規定の見直しについての調査審議が行われています（次頁図表1－6参照）。審議のなかでは職業別の短期消滅時効を廃止し、時効の期間について原則として5年の期間で統一する等の議論がなされています。時効は債権回収に直結する制度ですから動向に注視しておく必要があります。

●第1章 総論

図表1-5　短期消滅時効一覧

債権の種類	消滅時効期間	根拠条文
一般民事債権	10年	民法167条1項
一般の商事債権	5年	商法522条
商品代金債権	2年	民法173条1号
医師の診療報酬債権	3年	民法170条1号
工事請負代金債権	3年	民法170条2号
運送代金債権　飲食料等	1年	商法567条、589条、民法174条
不法行為に基づく損害賠償請求債権	3年	民法724条
確定判決等により確定した債権	10年	民法174条の2

図表1-6　民法（債権関係）の改正に関する要綱仮案抜粋

第7　消滅時効
　1　債権の消滅時効における原則的な時効期間と起算点
　　民法第166条第1項及び第167条第1項の債権に関する規律を次のように改めるものとする。
　　債権は、次に掲げる場合のいずれかに該当するときは、時効によって消滅する。
　　(1)　債権者が権利を行使することができることを知った時から5年間行使しないとき。
　　(2)　権利を行使することができる時から10年間行使しないとき。
　　(注)　この改正に伴い、商法第522条を削除するものとする。
　2　定期金債権等の消滅時効
　　(1)　定期金債権の消滅時効
　　　民法第168条第1項前段の規律を次のように改めるものとする。
　　　定期金の債権は、次に掲げる場合のいずれかに該当するときは、時効によって消滅する。
　　　　ア　債権者が定期金の債権から生ずる金銭その他の物の給付を目的とする各債権を行使することができることを知った時から10年間行使しないとき。

> 　　イ　アの各債権を行使することができる時から20年間行使しない
> 　　　とき。
> 　(2)　民法第168条第1項後段を削除するものとする。
> 　(3)　民法第169条を削除するものとする。
> 3　職業別の短期消滅時効等の廃止
> 　民法第170条から第174条までを削除するものとする。
> 4　不法行為による損害賠償請求権の消滅時効（民法第724条関係）
> 　民法第724条の規律を次のように改めるものとする。
> 　不法行為による損害賠償の請求権は、次に掲げる場合のいずれかに該当するときは、時効によって消滅する。
> 　(1)　被害者又はその法定代理人が損害及び加害者を知った時から3年間行使しないとき。
> 　(2)　不法行為の時から20年間行使しないとき。
> 5　生命・身体の侵害による損害賠償請求権の消滅時効
> 　人の生命又は身体の侵害による損害賠償の請求権について、次のような規律を設けるものとする。
> 　(1)　4(1)に規定する時効期間を5年間とする。
> 　(2)　1(2)に規定する時効期間を20年間とする。

民法（債権関係）の改正に関する要綱仮案6頁・7頁
法務省ウェブサイト（http://www.moj.go.jp/shingi1/shingi04900227.html）

　なお「時効」には、消滅時効のほか窃盗や詐欺などの刑事事件に関する「公訴時効（刑事訴訟法250条）」と、消滅時効と同じく民法に定められた「取得時効（民法162条、163条）」があります。よくニュースなどで「何年前の事件の犯人が捕まらないまま時効を迎えた」と耳にすることがありますが、それは公訴時効に関することです。公訴時効の期間が過ぎると刑事訴追ができなくなります。取得時効とは、他人の不動産等の財産を一定期間継続して占有している者に、その権利を与える制度です。たとえば、他人の不動産を自らの所有物であると信じて10年間または20年間占有し続けた者は、その不動産の所有権を取得するとされています。少額債権の回収を理解するうえでは消滅時効を理解しておけば十分です。よく時効について混同している方がいらっしゃるので、整理しておくとよいでしょう。

❹ 時効の援用

よくある誤解ですが、消滅時効の期間が経過しても、自動的に債権が消滅するわけではありません。したがって、債権者としては時効の期間が経過したものでも債務者に対して請求することは可能です。時効の期間が経過した債権についての請求に対して債務者が「その債権は時効です」と主張することを「時効の援用（民法145条）」といいます。これが主張されると債権者としては回収を諦めざるをえません。

❺ 内容証明郵便

「内容証明郵便」とは、いつ、誰から誰宛てにどのような内容の文書が差し出されたかを郵便局が証明する郵便です。郵便が債務者に届いたことを証明するために、郵便局が配達の事実を証明する「配達証明」とセットで利用される場合がほとんどです。

内容証明郵便というと、何か特別な法的効力があると思っている方もいますが、内容証明郵便自体はただの手紙です。しかし、督促状の内容と配達の事実が証明されるため、消滅時効に関して催告（民法153条）として一定期間時効の完成を防ぐことができます。また通常であればあまり受け取ることのない郵便ですから、債務者にプレッシャーをかけることができます。

❻ 債権譲渡

「債権譲渡」とは、債権者が債務者に対して有している債権を第三者に譲渡することです。債権回収を検討していて、インターネット等で情報を検索すると、この債権譲渡という用語に出くわすことが多いでしょう。

債権は法令や債権が成立する元となった契約に制限がなければ、原則として自由に譲渡できます。この性質を利用して、債務者が第三者に対して有している債権を担保として譲渡を受けたりすることもできます。

❼ 担　保

　「担保」とは、債務者が債務の支払いを行えなくなった場合に備えて、債務者の財産をその引当てに取得したり（物的担保）、債務者以外の人に支払義務を負わせることをいいます（人的担保）。

　「物的担保」とは、債権保全のために不動産や動産などの物に設定される担保です。抵当権がその代表例ですが、読者の方が住宅ローンを銀行から借りると、ほとんどの場合自宅に抵当権が設定されます。

　「人的担保」とは、本来的な債務者以外の人にも支払義務を負わせる形で担保を取得することをいい、具体的には、「保証」を意味します。債権者としては債務者の財産以外に、保証人の財産からも支払いを受けることができます。

❽ 裁判所

　裁判所とは、詐欺や窃盗のように犯罪を行った人に刑罰を科すかどうかの判断をしたり、代金の支払請求のように民事上の争いについて判断を行う国家機関です。裁判所には、最高裁判所、高等裁判所、地方裁判所、簡易裁判所、家庭裁判所が存在します。少額債権の回収において、よく利用するのが簡易裁判所または地方裁判所です。

　簡易裁判所は、請求額が比較的少額で軽微な紛争を迅速かつ簡易に解決するために設置されている裁判所です。全国400か所以上に設置されています。裁判によって請求する価格が140万円以下の事件については簡易裁判所が取り扱うこととされているので、少額債権の回収の場合には簡易裁判所に訴訟を提起することが多いです。

❾ 法務局

　法務局とは、不動産登記や商業登記など登記事務、人権や公証等を取り扱う法務省の地方組織です。少額債権では、法務局で登記事項証明書を取得し、債務者の財産を調査したりすることも行われます。

●第1章　総　論

❿　民　法

「民法」とは、私人間の取引や身分関係について定めた法律です。さまざまな法律のベースになる法律であり、「基本法」と呼ばれることがあります。債権回収ではよく民法の条文が登場します。インターネットでも条文を検索することができます。

⓫　民事訴訟法

「民事訴訟法」とは、私人間の争いごとに対応する裁判所の手続について定めた法律です。少額債権の回収においても、裁判所を利用することがありますから、知っておく必要があります。

与信管理

第2章

● 第2章　与信管理

I 与信管理とは何か

❶ 私たちに身近な与信管理

　「与信管理」とは、これから取引を開始しようとする相手方の資産状況等を情報を収集して調査し、その相手方と取引をするのか、取引を行うとすればどれくらいの規模の取引を行うことにするのかを判断する業務です。「与信」という言葉が示しているように、どれくらいの「信用」を相手方に「与える」のかということです。

　「与信管理」というと言葉が固く、なじみが少ない方も多いため、なんとなく取り組むのが億劫になってしまいがちですが、まったく難しくはありません。これまで体系的に与信管理を学んだことがない方でも、われわれは知らず知らずのうちに与信管理を行っています。

　たとえば、読者の方が腕時計の販売をしている店舗の店長だと仮定してみてください。そこにお客さんが来店しました。お客さんは50万円の腕時計を買いたいと申し出てきました。しかし、お客さんが今はたまたまお金がないので、明日お金を持ってくるから、今購入させてほしいと申し出てきました。読者の方はその条件を受け入れるでしょうか。おそらく無条件で受け入れる人は少数でしょう。お客さんの身成り、態度、過去の取引実績などから総合的に判断することになると思います。これもさまざまな情報から相手に対して与信を行っていることになります。

図表2-1 腕時計を買う際の与信のイメージ

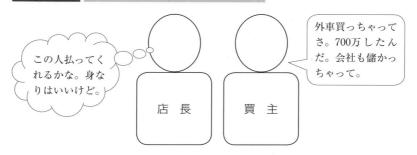

　少し思考を巡らせてみると、**図表2-1**と似たようなことは仕事や私生活のさまざまなシーンで起こっていることがわかりますよね。

　筆者はいくつかの大学で講義を行っていますが、読者の方が大学生あるいは高校生だったときに、就職活動で就職希望先の会社の資料を取り寄せて調べたり、ホームページを閲覧して調べたことがあるでしょう。あれも「この会社の経営状態はどうなのかな」、「経営者はどんな人なのかな」ということを調べているわけです。見方を変えれば与信を行っているとみることもできますね。自分の一生に関わる判断ですから、きわめて重要な与信管理を人生の早い段階で行っているのです。そして今現実に働いてみて、その与信の結果はどうでしょうか。正解だった、あるいは誤っていたとお考えになるかはそれぞれだとは思いますが……。

Ⅱ　定量分析と定性分析

　与信管理の業務は大きく定量分析と定性分析からなります。意義は次のとおりです。

❶ 定量分析

定量分析とは、決算書の数字から相手方の信用状況を分析することです。貸借対照表や損益計算書など基本的な財務書類を読み込む力が必要となってきます。ただし、少額債権の場合、与信管理コスト等の関係から定量分析は行えない場合も少なくありません。

❷ 定性分析

定性分析とは、相手方の登記情報や訪問した際の雰囲気、業界内の噂など非数値の情報から相手方の信用状態を分析することをいいます。少額債権の与信管理においてはコスト等の関係上、こちらに比重が置かれる傾向があります。

III 与信管理にあたっての社内体制

❶ 社内ルールの作成

与信管理を行うにあたっては、まず与信管理の社内ルールを作成しなければなりません。これがないと審査基準がバラバラになり、同種の取引でも担当者ごとに与信管理を行ったり行わなかったりと、統一的な動きができないからです。与信管理の流れはおおむね図表２－２のようになります。

これが与信管理の一般的な流れですが、少額取引における与信管理においては、一部を簡略化したり、効率的に分業することが必要となってきます。

Ⅲ　与信管理にあたっての社内体制

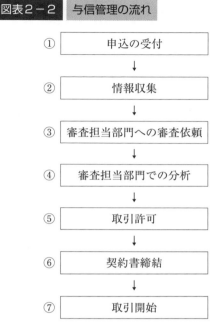

図表2-2　与信管理の流れ

① 申込の受付
② 情報収集
③ 審査担当部門への審査依頼
④ 審査担当部門での分析
⑤ 取引許可
⑥ 契約書締結
⑦ 取引開始

❷　与信管理を行ったことのない会社の場合

　与信管理を行ったことのない会社の場合は、まずどの部署が与信管理の取りまとめを行うのかということを決めることから始まります。審査部という専門部署があるのは、傾向として企業規模の大きい会社に限られます。

　筆者の経験上、中小企業等においては経理部や総務部で経営管理業務の一環として与信管理も担当していることが多いようです。あるいは社長自らが担当していることもあります。いずれにしても、営業を担当する部署からは少し離れた部署が担当するのが適切といえます。営業の担当者がそのまま与信管理も行えば、営業の成績を上げたいという気持ちが優先されがちです。冷静に判断ができるという意味で、少し営業の現場から距離がある部署がいいでしょう。

●第2章　与信管理

❸　すでに与信管理を行っている会社の場合

　商社やメーカーのように伝統的に与信管理の取組みが進んでいる会社においても、100万円以下の取引においては与信管理の対象となっていないことが多いようです。企業規模から少額の焦付きが起こっても大きな影響はないという判断から、そうした取扱いをしているものと考えられます。

　しかし、先に紹介した社内不正リスクなど見過ごせないリスクは依然として残ります。少額取引においても与信管理を行うことが重要といえるのですが、通常の取引における与信管理と同様に行っていては労力がかかり、すぐに行き詰まってしまいます。

　本書を基に少額債権特有の与信管理というものを身に付けて、実務を行う必要があります。

❹　実効性のある与信管理実施に向けて

　実効性のある少額債権の与信管理をどのように実施していくかですが、筆者がよく助言するポイントとしては、シンプルで効率的なものにすること、営業部門に取引相手の資料収集などの業務の一部を任せることです。

　少額債権の与信管理で一番の障害になってくるのは、事務の煩雑さです。一般的な与信管理の手法で、じっくりと時間をかけて与信管理を行い、情報の収集等も審査部門が丸かかえしていたのでは、すぐに行われなくなってしまうでしょう。多少正確性や分析に粗さがあっても、与信管理がまったく行われなくなるよりはマシです。実現できない理想を唱えるより、現実的にできる限りの努力をしたほうがいいでしょう。

　営業部門に資料収集を任せるといっても、与信管理のプロではないため一定の教育や不足資料の追加収集を与信管理担当者で行う必要があります。

　営業部門に資料の収集を任せる理由は、第1に審査部門の負担を軽くし、少額債権についても債権管理が行える体制を整えること、第2に営業部門にも債権の未収についての意識を高めてもらうことにあります。第2の理由と

Ⅲ　与信管理にあたっての社内体制

して挙げた部分については、多くの与信管理を担当する方々から問題意識としてよく聞くことです。読者の方でも営業部門とケンカをしたことがあるのではないでしょうか。筆者も企業から依頼を受け、営業担当者向けに与信管理の講演を行うことがありますが、売上を上げたい営業担当者と損失を避けたい与信管理の担当者との意識の溝は深いと感じることがあります。これについては営業担当者にも一部も業務を担当してもらうことで、意識の改善がみられたため、営業部門と協議のうえ導入を検討してもよいでしょう。

　営業部門から審査部門への審査依頼は次頁**記載例2－1**のような書面に資料を添付して行います。一般的な依頼書よりも項目が少ないですが、シンプルにして処理を早くする趣旨です。

記載例2-1　取引決裁依頼書

株式会社山田産業
審査部長　山田太郎様

取引決裁依頼書

平成〇〇年〇月〇日
第一営業部部長佐藤太郎
（担当：渡辺一郎）

下記会社との取引を開始したく、決裁を願います。
なお、当方で調査したところ、特に問題はありません。

商　号	株式会社東京中央商事
本　店	東京都港区赤坂一丁目〇番〇号
業務内容	精密機器の卸、製造、販売等
代表者名	北嶋太郎
資本金	金1000万円
ルート	既存取引先である株式会社東京西方商事からの紹介
取引金額	金〇〇円
所　感	登記事項証明書等の書面からは特に変わった形跡は見られません。代表取締役である北嶋太郎氏も誠実な人柄であります。
添付書類	1．登記事項証明書（株式会社東京中央商事） 2．登記事項証明書（代表者自宅） 3．株式会社東京中央商事ホームページ

―――――――――――――――――――――――

上記を踏まえ、取引を認める。

平成〇〇年〇月〇日
山田産業株式会社
審査部長山田太郎

Ⅳ 与信管理に使用するツール

　与信管理には登記事項証明書のように公的なものから、ホームページのように私的なものまで取引相手の情報が記載された、ありとあらゆるものをツールとして使用することができます。

　以下では実際よく使用されている与信管理に使用されているツールの意義と、少額債権における着眼点を紹介しますが、ここで紹介した以外にもさまざまな情報が与信管理に使用できます。日ごろから「これは与信管理で使えないかな」と意識しておくとよいでしょう。

❶ 登記事項証明書

　登記事項証明書とは、不動産の権利関係あるいは株式会社の役員の情報など、取引における重要な情報を記載した書面です。与信管理を行ったことがなくとも、経理担当者の方や総務担当者の方であれば銀行や電話会社に提出したことがあると思います。与信管理に用いる最もポピュラーなツールといえます。インターネット等から情報を取得して与信管理を行うことが主流となりつつありますが、情報の正確性等の観点からは登記事項証明書が有力なツールといえます。登記事項証明書には、不動産に関するもの、株式会社等の会社に関するもの、動産や債権に関するものが存在します。

(1) 登記事項証明書の取得

① 費用と資格

　登記事項証明書は、原則として最寄りの法務局で手数料を払えば誰でも取得することができます。例外としては、動産譲渡や債権譲渡に関する登記事項証明書があります。動産譲渡や債権譲渡に関する登記事項証明書は、取得

●第2章　与信管理

できる法務局や当事者が限定されています。なお、登記事項証明書の取得方法には、法務局に実際に出向いて取得することもできますし、郵送やインターネットを使って交付を請求することもできます。

②　登記情報提供サービス

登記情報提供サービス[1]とは、一般財団法人民事法務協会が運営するサービスであり、インターネットの画面上で、登記事項証明書に記載されているのと同じ情報を確認できます。法務局へ登記事項証明書を取得しにいかなくてもよいのです。便利なサービスです。初期設定が必要になりますが、与信管理を行ううえでは不可欠といえるサービスですので、導入するとよいでしょう。

筆者自身は登記情報を確認する場合には、まずこの登記情報提供サービスを利用します。より詳しい調査が必要な場合には、法務局で取得するなど使い分けを行っています。

法務局は全国すべての都道府県に設置されており、都道府県内に支局や出張所も設置されています。自社からどこの法務局が最寄りなのかを調べておくとよいでしょう（図表2-3参照）。

図表2-3　法務局一覧

	局　名	管轄区域	所在地	〒	電話番号
東京管内	○東京法務局	東京都	東京都千代田区九段南1-1-15　九段第2合同庁舎	102-8225	(03)5213-1234
	横浜地方法務局	神奈川県	横浜市中区北仲通5-57　横浜第2合同庁舎	231-8411	(045)641-7461
	さいたま地方法務局	埼玉県	さいたま市中央区下落合5-12-1　さいたま第2法務総合庁舎	338-8513	(048)851-1000
	千葉地方法務局	千葉県	千葉市中央区中央港1-11-3	260-8518	(043)302-1311

(1) http://www1.touki.or.jp/gateway.html

Ⅳ　与信管理に使用するツール

	水戸地方法務局	茨城県	水戸市三の丸1-1-42	310-0011	(029)227-9911
	宇都宮地方法務局	栃木県	宇都宮市小幡2-1-11	320-8515	(028)623-6333
	前橋地方法務局	群馬県	前橋市大手町2-10-5	371-8535	(027)221-4466
	静岡地方法務局	静岡県	静岡市葵区追手町9-50 静岡地方合同庁舎	420-8650	(054)254-3555
	甲府地方法務局	山梨県	甲府市丸の内1-1-18 甲府合同庁舎	400-8520	(055)252-7151
	長野地方法務局	長野県	長野市旭町1108	380-0846	(026)235-6611
	新潟地方法務局	新潟県	新潟市中央区西大畑町5191　新潟法務総合庁舎	951-8504	(025)222-1561
大阪管内	○大阪法務局	大阪府	大阪市中央区谷町2-1-17 大阪第2法務合同庁舎	540-8544	(06)6942-1481
	京都地方法務局	京都府	京都市上京区荒神口通河原町東入上生洲町197	602-8577	(075)231-0131
	神戸地方法務局	兵庫県	神戸市中央区波止場町1-1 神戸第2地方合同庁舎	650-0042	(078)392-1821
	奈良地方法務局	奈良県	奈良市高畑町552	630-8301	(0742)23-5534
	大津地方法務局	滋賀県	大津市京町3-1-1 大津びわ湖合同庁舎	520-8516	(077)522-4671
	和歌山地方法務局	和歌山県	和歌山市二番丁2 (和歌山地方合同庁舎)	640-8552	(073)422-5131
名古屋管内	○名古屋法務局	愛知県	名古屋市中区三の丸2-2-1 名古屋合同庁舎第1号館	460-8513	(052)952-8111
	津地方法務局	三重県	津市丸之内26-8 津合同庁舎	514-8503	(059)228-4191
	岐阜地方法務局	岐阜県	岐阜市金竜町5-13	500-8729	(058)245-3181
	福井地方法務局	福井県	福井市春山1-1-54 福井春山合同庁舎	910-8504	(0776)22-5090

● 第2章　与信管理

	金沢地方法務局	石川県	金沢市新神田4-3-10 金沢新神田合同庁舎	921-8505	(076)292-7810
	富山地方法務局	富山県	富山市牛島新町11-7 富山合同庁舎	930-0856	(076)441-0550
広島管内	○広島法務局	広島県	広島市中区上八丁堀6-30	730-8536	(082)228-5201
	山口地方法務局	山口県	山口市中河原町6-16 山口地方合同庁舎2号館	753-8577	(083)922-2295
	岡山地方法務局	岡山県	岡山市北区南方1-3-58	700-8616	(086)224-5656
	鳥取地方法務局	鳥取県	鳥取市東町2-302 鳥取第2地方合同庁舎	680-0011	(0857)22-2191
	松江地方法務局	島根県	松江市母衣町50 松江法務合同庁舎	690-0886	(0852)32-4200
福岡管内	○福岡法務局	福岡県	福岡市中央区舞鶴3-9-15	810-8513	(092)721-4570
	佐賀地方法務局	佐賀県	佐賀市城内2-10-20	840-0041	(0952)26-2148
	長崎地方法務局	長崎県	長崎市万才町8-16	850-8507	(095)826-8127
	大分地方法務局	大分県	大分市荷揚町7-5 大分法務総合庁舎	870-8513	(097)532-3161
	熊本地方法務局	熊本県	熊本市中央区大江3-1-53 熊本第2合同庁舎	862-0971	(096)364-2145
	鹿児島地方法務局	鹿児島県	鹿児島市鴨池新町1-2	890-8518	(099)259-0680
	宮崎地方法務局	宮崎県	宮崎市別府町1番1号 宮崎法務総合庁舎	880-8513	(0985)22-5124
	那覇地方法務局	沖縄県	那覇市樋川1-15-15 那覇第1地方合同庁舎	900-8544	(098)854-7950
仙台管内	○仙台法務局	宮城県	仙台市青葉区春日町7-25 仙台第3法務総合庁舎	980-8601	(022)225-5911
	福島地方法務局	福島県	福島市霞町1-46 福島合同庁舎	960-8021	(024)534-1111

Ⅳ　与信管理に使用するツール

	山形地方法務局	山形県	山形市緑町1-5-48 山形地方合同庁舎	990-0041	(023)625-1321
	盛岡地方法務局	岩手県	盛岡市盛岡駅西通1-9-15 盛岡第2合同庁舎	020-0045	(019)624-1141
	秋田地方法務局	秋田県	秋田市山王7-1-3	010-0951	(018)862-6531
	青森地方法務局	青森県	青森市長島1-3-5 青森第二合同庁舎	030-8511	(017)776-6231
札幌管内	○札幌法務局	最寄りの法務局等へお尋ね下さい。	札幌市北区北8条西2-1-1	060-0808	(011)709-2311
	函館地方法務局		函館市新川町25-18 函館地方合同庁舎	040-8533	(0138)23-7511
	旭川地方法務局		旭川市宮前通1条3-3-15 旭川合同庁舎	078-8502	(0166)38-1111
	釧路地方法務局		釧路市幸町10-3	085-8522	(0154)31-5000
高松管内	○高松法務局	香川県	高松市丸の内1-1 高松法務合同庁舎	760-8508	(087)821-6191
	徳島地方法務局	徳島県	徳島市徳島町城内6-6 徳島地方合同庁舎	770-8512	(088)622-4171
	高知地方法務局	高知県	高知市栄田町2-2-10　高知よさこい咲都合同庁舎	780-8509	(088)822-3331
	松山地方法務局	愛媛県	松山市宮田町188-6 松山地方合同庁舎	790-8505	(089)932-0888

※　○印は各管内の地方法務局を管轄する法務局
　　法務省ウェブサイト（http://www.moj.go.jp/MINJI/minji10.html）より転載

図表２－４は、不動産と会社に関する登記事項証明書の取得費用です。

図表２－４　不動産、商業・法人登記における主な登記手数料

区　　　　分		手数料額
登記事項証明書（謄抄本）	書面請求	600円

●第2章　与信管理

	オンライン請求・送付	500円
	オンライン請求・窓口交付	480円
登記事項要約書の交付・登記簿等の閲覧		450円
証明（地図・印鑑証明を除く）		450円
地図等情報	書面請求	450円
	オンライン請求・送付	450円
	オンライン請求・窓口交付	430円
印鑑証明書	書面請求	450円
	オンライン請求・送付	410円
	オンライン請求・窓口交付	390円
筆界特定	筆界特定書の写し	550円
	図面の写し	450円
	手続記録の閲覧	400円
登記識別情報に関する証明	書面請求	300円
	オンライン請求・交付	300円
本支店一括登記申請		300円

法務省ウェブサイト（http://www.moj.go.jp/MINJI/TESURYO/）をもとに作成

図表2－5は、債権譲渡登記に関する登記事項証明書の取得手数料です。

図表2－5　債権譲渡登記に関する登記事項証明書の取得手数料

証明書の種類	請求権者	登記手数料 （窓口又は送付による請求の場合）
登記事項証明書 （個別事項証明：1個の債権ごとに証明したもの）	当事者、利害関係人等のみ	1通500円
登記事項証明書 （一括証明：1個を超える債権に係る登記事項を一括して証明したもの）		1通500円 債権の個数が1個を超える場合には、その超える個数ごとに200円を加算

Ⅳ 与信管理に使用するツール

登記事項概要証明書	誰でも可	1通300円
概要記録事項証明書	誰でも可	1通300円 1通の枚数が50枚を超える場合には，その超える枚数50枚までごとに100円を加算した額

法務省ウェブサイト（http://www.moj.go.jp/MINJI/saikenjouto-03.html）をもとに作成

図表2－6は、動産譲渡登記に関する登記事項証明書の手数料です。

図表2－6　動産譲渡登記に関する登記事項証明書の手数料

証明書の種類	請求権者	登記手数料 （窓口又は送付による請求の場合）
登記事項証明書 （1個の動産ごとに証明したもの）	当事者，利害関係人等のみ可	1通800円
登記事項証明書 （1個を超える動産に係る登記事項を一括して証明したもの）		1通800円にその超える個数1個ごとに300円を加算した額 （例：動産2個の場合　1,100円，動産5個の場合2,000円）
登記事項概要証明書	誰でも可	1通500円
概要記録事項証明書	誰でも可	1通300円

法務省ウェブサイト（http://www.moj.go.jp/MINJI/DOUSANTOUKI/SYOMEI_SHINSEI/tetsuzuki02.html）をもとに作成

図表2－7は、登記情報提供サービスの利用料です。

図表2－7　登記情報提供サービスの利用料

区分	手数料額
全部事項（登記記録の全部の情報の提供）	337円
所有者事項（不動産の所有権の登記名義人のみの情報の提供）	147円

●第2章　与信管理

地図，土地所在図等の情報の提供	367円
登記事項概要ファイルに記録されている情報（動産・債権）	147円

法務省ウェブサイト（http://www.moj.go.jp/MINJI/TESURYO/）より転載

❷　不動産の登記事項証明書について

(1)　不動産の登記事項証明書とは

　不動産の登記事項証明書とは、土地や建物など不動産の所有者が誰であるか、どのような担保が設定されているか、どれくらいの大きさなのかなど不動産に関する重要な情報を記載したものです。
　記載例2－2と記載例2－3は、土地と建物の登記事項証明書の記載例です。

記載例2－2　土地の登記事項証明書

表題部（土地の表示）	調整	平成○年2月21日	不動産番号	0123456789000		
地図番号	余白	筆界特定	余白			
所　在	新宿区西新宿○丁目		余白			
①地番	②地　目	③地　積　㎡		原因及びその日付［登記の日付］		
△番□	宅地	200	20	△番○から分筆 ［平成○年4月5日］		
余白	余白	余白		平成17年法務省令第18号附則第3条第2項の規定により移記 平成○年2月25日		

権利部（甲区）（所有権に関する事項）			
順位番号	登記の目的	受付年月日・受付番号	権利者その他の事項

1	所有権移転	昭和△年2月10日 第1234号	原因　昭和○年11月2日売買 所有者　文京区目白一丁目○番△号 　　田中　太郎 順位番号1番の登記を移記
	余白		平成17年法務省令第18号附則第3条第2項の規定により移記 平成○年2月25日
2	所有権移転	平成○年5月25日 第12345号	原因　昭和○年4月25日売買 所有者　新宿区西新宿一丁目○番△号 　　株式会社甲乙商事

権利部（乙区）（所有権以外の権利に関する事項）			
順位番号	登記の目的	受付年月日・受付番号	権利者その他の事項
1	抵当権設定	平成○年5月25日 第12346号	原因　平成○年5月25日金銭消費貸借同日設定 債権額　金3,000万円 損害金　年14％（年365日日割り計算） 債務者　新宿区西新宿一丁目○番△号 　　株式会社甲乙商事 抵当権者　千代田区大手町一丁目○番△号 　　株式会社東京甲乙銀行 （取扱店　新宿支店） 共同担保　目録（ま）第1234号

これは登記記録に記録されている事項の全部を証明した書面である。
平成○年1月4日
東京法務局新宿出張所　　　　　登記官　法　務　太　郎　　印

※下線のあるものは抹消事項であることを示す。整理番号D3○○○○

● 第2章　与信管理

(2) 土地の登記事項証明書の見方

　土地の登記事項証明書の記載例2－2（32頁）を見ると、大きく分けて「表題部」、「権利部（甲区）」、「権利部（乙区）」に分かれていることに気が付くと思います。

①　表題部

　表題部をよく見ると、所在や地番、地積などと書かれていますね。登記に関する詳しい知識がなくとも、なんとなくおわかりだとは思いますが、表題部には土地の外形的な状況が記載されています。どこにあるのか、どれくらいの大きさなのか、どういう用途に用いる土地なのかなどです。ここに書かれている情報から、おおよその不動産の価値が推測できます。

　登記事項証明書を取得するときは、所在と地番から不動産を特定して取得することになります。

②　権利部（甲区）

　権利部（甲区）、以下では単に「甲区」といいますが、ここには不動産の所有権に関する情報が記載されています。よく「ここは私の土地だ」、「俺のビルだ」などと不動産を所有していることを自慢げに語る人もいますが、本当にその不動産がその方の所有か否かは、不動産の登記事項証明書を見れば一目瞭然です。一般論としては不動産を所有していれば、それだけ資産があるということがうかがわれます。

③　権利部（乙区）

　権利部（乙区）、以下では単に「乙区」といいますが、「抵当権設定」と書かれていますね。乙区には、不動産にどんな担保権が設定されているかなど不動産に関する所有権以外の情報が記載されます。抵当権とは、担保権の一種です。よく「自宅を抵当に入れる」などといいますね。ここに記載されている情報から、どれくらいの借入れがあるのか、どこの金融機関と取引があるのかなどの情報がわかります。

Ⅳ　与信管理に使用するツール●

記載例２－３　建物の登記事項証明書

表題部 （主である建物の表示）	調整	平成〇年 ２月８日	不動産 番号	9876543210123
所在図番号	余白			
所　在	千葉県柏市・・・△番□	余白		
家屋番号	△番□	余白		
①種　類	②構　造	③床面積　㎡	原因及びその日付［登記の日付］	
居宅	木造瓦葺 ２階建	１階　80　32 ２階　24　84	平成〇年８月25日新築	
余白	余白	余白	平成17年法務省令第18号附則第３条第２項の規定により移記 平成〇年２月８日	

権利部（甲区）（所有権に関する事項）			
順位番号	登記の目的	受付年月日・受付番号	権利者その他の事項
1	所有権保存	平成△年１月10日 第1234号	所有者　東京都千代田区九段南一丁目〇番△号 　　山田　一郎 順位番号１番の登記を移記
2	所有権移転	平成〇年12月１日 第12345号	原因　平成〇年12月１日売買 権利者　東京都目黒区目黒本町一丁目△番□号 　　株式会社甲乙商事
	余白	余白	

● 第2章　与信管理

順位番号	登記の目的	受付年月日・受付番号	権利者その他の事項
\[権利部（乙区）（所有権以外の権利に関する事項）\]			
1	抵当権設定	平成○年6月11日 第5678号	原因　平成○年6月11日保証委託契約による求償債権平成○年6月11日設定 債権額　金2,000万円 損害金　年14％（年365日日割り計算） 債務者　東京都千代田区九段南一丁目○番△号 　山田　一郎 抵当権者　東京都港区新橋一丁目△番□号 　株式会社山田銀行 　（取扱店新宿支店） 共同担保　目録（な）第56号
2	1番抵当権抹消	平成○年4月20日 第35248号	原因　平成○年4月20日解除
3	根抵当権設定	平成○年6月14日 第34567号	原因　平成○年6月14日設定 極度額　金2,400万円 債権の範囲　銀行取引　手形債権　小切手債権 債務者　東京都新宿区西新宿一丁目○番○号 　株式会社甲乙商事 根抵当権者　東京都千代田区大手町一丁目△番□号 　株式会社東京甲乙銀行 　（取引店　新宿支店） 共同担保　目録（け）第234号

共同担保目録			
記号及び番号	（け）第234号	調整	平成○年2月8日

番号	担保の目的たる権利の表示	順位番号	予備
1	柏市柏○丁目△番□の土地	3	余白
2	柏市柏○丁目△番□の土地 家屋番号△番□の建物	3	余白
3	東京法務局　新宿出張所 東京都新宿区西新宿○丁目△番□の土地	余白	余白
4	東京法務局　新宿出張所 東京都新宿区西新宿○丁目△番地□　家屋番号△番□の建物	余白	余白

これは登記記録に記録されている事項の全部を証明した書面である。
平成○年6月20日
千葉地方法務局柏支局　　　　　登記官　法　務　太　郎　[印]

※下線のあるものは抹消事項であることを示す。整理番号D3○○○○

(3) 建物の登記事項証明書の見方

建物の登記事項証明書（35頁記載例2－3）も、土地の登記事項証明書と同様に「表題部」、「権利部（甲区）」、「権利部（乙区）」から成立しています。それぞれの意義は土地の登記事項証明書と同じです。

(4) 共同担保目録について

建物の登記事項証明書をよく見ると、「共同担保目録」という欄がありますね。これは登記事項証明書を取得した不動産以外にどのような不動産が担保にとられているのかを記載しています。銀行がお金を貸すときは、多くの場合、借主が所有している不動産をわかる限り調査して、価値のあるものに担保権を設定することが多いですから、共同担保目録から相手方の所有する不動産をおおよそ割り出すことができます。共同担保目録は、不動産の登記事項証明書を取得する際に、共同担保目録が存在する場合には添付してほし

● 第2章　与信管理

いと申請書に記載することで取得することができます。与信管理の観点からは必ず請求したほうがいいでしょう。

❸　少額債権における着眼点

　少額債権の与信管理においては、不動産の登記事項証明書の次のような点に着目するとよいでしょう。後に詳しく解説することになりますが、債権の回収を行う場合、相手方が自発的に支払ってこなければ、最終的に相手方の資産を差し押さえて売却する「強制執行手続」により回収することになります。少額債権の場合、強制執行手続のうち銀行預金や給与といった、相手方が第三者に有する「債権」を差し押さえる「債権執行」手続によることが有効です。与信管理を行ううえでも「差押えできる債権はないか」という点に着目するのがポイントです。

(1)　所有物件か否か

　まず相手方の事業所が入居する不動産の登記事項証明書を取得して、所有関係をチェックしましょう。甲区に記載されている所有者が第三者の名義だった場合、賃貸でその場所に入居していることが推測できます。一般的な与信管理の考え方では、相手方が賃貸物件に入居していると「資産がないのか」と落胆してしまいますが、少額債権の場合には、逆に歓迎すべき面があります。

　賃貸物件に入居する場合には、読者の方も経験があると思いますが、賃貸オーナーに対して敷金や保証金を納めることが一般的です。敷金や保証金は賃貸契約が終了した場合には、賃貸オーナーから一部を差し引いたうえで、返してもらえましたよね。敷金や保証金も差押えができる債権の一種です（図表2−8）。不動産自体の差押えは用意する金額（実費）も大きく、銀行の担保がすでに入っていることが多いため、少額債権の回収では実行しにくい面があります。これに対して債権執行であれば金額（実費）も低額ですので、差押えが実行しやすいのです。実際に差押えが難しい不動産に期待する

よりも、実効性のある敷金等の債権が存在するほうが少額債権の回収を考えるうえでは、歓迎できます。筆者自身は、世間的な常識とは逆に、相手方が賃貸物件に入居していると、「よし！回収できる」と喜ぶこともしばしばあります。

もっとも敷金等は差押えをしてもすぐに支払いを受けられるものではありません。賃貸借契約が終了したあとにしか支払いを受けることができませんが、賃貸借契約の継続中に、入居物件の賃貸オーナーに差押えの通知がいくわけですから、賃借人である相手方としてはかなり気まずいことになります。事業を止めようとしている場合ならともかく、今後も継続しようとしている場合であれば、賃貸オーナーとの関係も悪くしたくないはずです。相手方と賃貸オーナーの契約書の内容によっては、差押えにより信用不安が起こったとして、退去を命じられるかもしれません。退去をさせられて新しい物件を探すコストより、少額の債権であれば払ったほうが安いという気持ちが相手方にもありますから、敷金の差押えにより自発的な支払いを促すこともできるのです。

図表2－8　敷金のイメージ

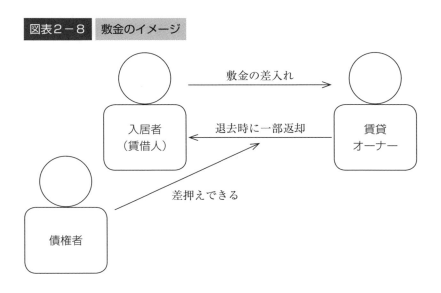

●第2章　与信管理

(2) どこの金融機関と取引があるのか

　相手方の所有する不動産がある場合には、乙区をみてどこの金融機関と取引があるのかをチェックします。住宅を購入する際には、多くの場合銀行から自宅を担保に住宅ローンを借りますし、事業を行っていくうえでも設備投資の必要性から不動産を担保に融資を受けることがあります。不動産に抵当権などの担保を設定する場合には、取引金融機関や債権金額、利息等の担保の内容を登記しますから、どこの銀行から借りているのかが一目でわかります。そして銀行からお金を借りる場合には、一般にその銀行に銀行口座を作ります。この銀行口座も債権執行の対象となるのです（預金債権）。**記載例２−４**の登記記録を見てください。

記載例２−４　銀行名、支店名が記載された登記記録

権利部（乙区）（所有権以外の権利に関する事項）			
順位番号	登記の目的	受付年月日・受付番号	権利者その他の事項
1	根抵当権設定	平成〇年6月14日 第34567号	原因　平成〇年6月14日設定 極度額　金2,400万円 債権の範囲　銀行取引　手形債権　小切手債権 債務者　新宿区西新宿一丁目〇番〇号 　株式会社甲乙商事 根抵当権者　千代田区大手町一丁目△番□号 　株式会社東京甲乙銀行 　（取引店　新宿支店）　← 共同担保　目録（け）第234号

お金を貸している銀行名のほかに、支店名が記載されていますね。預金債権に対して債権執行を行う場合、銀行名と支店名が特定できれば執行可能となります。具体的な口座番号まで特定する必要はありません。よって登記事項証明書を取得すれば、差押可能な預金債権のありかを特定することができるのです。

　もちろん銀行に対して借入債務が残っていれば、銀行と相手方の金銭消費貸借契約書の定めにより、相手方の預金債権は銀行の借入債務と相殺されてしまいます。そのため預金債権を差し押さえてもそこからの回収ができない場合もあります。しかし、相手方からすれば預金債権を差し押さえられるということは、銀行から借入債務の一括返済を迫られることにもつながり、事業継続が困難となりかねません。すでに倒産状態にある会社を除けば、20万や30万の未払いで倒産しては困るため、「支払いますから、取り下げてください」というように何とかお金をかき集めて、対応してくることが多いものです。

　筆者が少額債権の回収について相談を受けた場合、「相手方のめぼしい財産はなんですか」という質問をすると、相談者の方から「不動産がありますが、担保が設定されています。回収は難しいですよね」と残念そうに語ることがほとんどですが、決して諦める必要はないのです。

(3)　その他の着眼点

①　差押えがないか

　不動産の登記事項証明書をみて、「差押」という登記が入っていたら、その相手方との取引は中止すべきです。すでに何かしらの支払いができなくなり、差押えがなされてしまっているからです。

　差押えがなされると次頁**記載例2-5**のように登記されます。

記載例2-5　不動産の登記事項証明書（差押）

権利部（甲区）（所有権に関する事項）			
順位番号	登記の目的	受付年月日・受付番号	権利者その他の事項
1	所有権移転	昭和△年2月10日 第123456号	原因　昭和○年11月2日売買 所有者　豊島区目白一丁目○番△号 　　　　田中　太郎 順位番号1番の登記を移記
	余白		平成17年法務省令第18号附則第3条第2項の規定により移記 平成○年2月25日
2	所有権移転	平成○年5月25日 第12345号	原因　昭和○年4月25日売買 所有者　新宿区西新宿一丁目○番△号 　　　　株式会社甲乙商事
3	差押	平成○年5月30日 第12360号	原因　平成○年5月28日東京地方裁判所担保不動産競売開始決定 債権者　新宿区西新宿○丁目○番△号 　　　　○○信用金庫

②　正体不明の債権者がいないか

　不動産に担保がついている場合でも、その担保を取得している債権者がどのような属性なのかによって、相手方の信用状況が異なってきます。有名な銀行が債権者として担保を取得しているのであれば、特段変わったところはないといえます。まったく聞いたことのない会社からの借入れであったり、個人からの借入れであったりする場合には、有名な銀行からは借りることができず、高金利だけれども信用力が低い相手にでもお金を貸してくれる会社や個人からお金を借りていることがうかがわれるからです。

③　最終借入れを行ったのはいつか

　銀行が債権者として担保を取得している場合には、銀行がいつ担保として相手方の不動産を取得したのかをみるといいでしょう。少なくとも担保を取

得した時点では、金融機関としては、貸付けを行ってもいいと判断したわけです。これも与信管理を行ううえで、参考になります。

ただし、どういった登記原因で担保設定の登記がなされているかによって、このあたりの判断は異なりますから、よくわからない原因で登記がなされている場合には、司法書士等の専門家に確認するとよいでしょう。

❹ 会社の登記事項証明書

(1) 会社の登記事項証明書とは

会社の登記事項証明書とは、会社の社名、本店の所在場所、役員構成など、会社の重要な情報を記載したものです。株式会社やNPO法人など、会社の種類によって登記される事項や注意点が異なりますが、本書では実務上多くを占める株式会社を念頭において解説します。

記載例2-6は、株式会社の登記事項証明書の記載例です。

記載例2-6　株式会社の登記事項証明書

履歴事項全部証明書
東京都新宿区西新宿○丁目○番○号
株式会社ABC商事
会社法人等番号　○○○○-○○-○○○○

商　号	株式会社ABC商事	
本　店	東京都新宿区西新宿○丁目○番○号	
公告をする方法	官報に掲載してする	
	日本新聞に掲載してする	平成○年6月28日変更
		平成○年6月30日登記
貸借対照表に係る情報の提供を受けるために必要な事項	http://www.abcde.co.jp/kessan/index.html	平成○年6月28日変更
		平成○年6月30日登記

● 第2章　与信管理

会社成立の年月日	昭和○年11月11日		
目　的	１．不動産の売買、賃貸、管理及び仲介に関する業務 ２．不動産に関するコンサルティング業務 ３．前各号に附帯関連する一切の業務		
発行可能株式総数	400万株		
発行済株式の総数並びに種類及び数	発行済株式の総数 80万株		
株券を発行する旨の定め	当会社の株式については、株券を発行する。 　　　　　　　　平成17年法律第87号 　　　　　　　　第136条の規定により 　　　　　　　　平成○年５月１日登記		
資本金の額	金４億円		
株式の譲渡制限に関する規定	当会社の株式は、取締役会の承認がなければ譲渡することができない		
株主名簿管理人の氏名及び住所並びに営業所	東京都中央区銀座○丁目△番□号 東日本信託銀行株式会社　本店		
役員に関する事項	取締役　山田一郎	平成○年６月28日就任	
		平成○年６月28日登記	
	取締役　山田一郎	平成○年６月28日重任	
		平成○年６月30日登記	
	取締役　鈴木一郎	平成○年６月28日就任	
		平成○年６月30日登記	
	取締役　加藤一郎	平成○年６月28日就任	
		平成○年６月30日登記	
	取締役　加藤一郎	平成○年６月28日重任	
		平成○年６月30日登記	
	取締役　佐藤一郎	平成○年６月28日就任	
		平成○年６月30日登記	
	取締役　佐藤一郎	平成○年６月28日重任	
		平成○年６月30日登記	

Ⅳ 与信管理に使用するツール●

		東京都千代田区九段南〇丁目〇番〇号 代表取締役　山田一郎	平成〇年6月28日就任
			平成〇年6月30日登記
		東京都千代田区九段南〇丁目〇番〇号 代表取締役　山田一郎	平成〇年6月28日重任
			平成〇年6月30日登記
		<u>監査役　田中一郎</u>	平成〇年6月28日就任
			平成〇年6月30日登記
		監査役　田中一郎	平成〇年6月28日重任
			平成〇年6月30日登記
支　　店		1 大阪市中央区内本町〇丁目〇番〇号	
取締役会設置会社に関する事項		取締役会設置会社 　　　　　　　　平成17年法律第87号 　　　　　　　　第136条の規定により 　　　　　　　　平成〇年5月1日登記	
監査役設置会社に関する事項		監査役設置会社 　　　　　　　　平成17年法律第87号 　　　　　　　　第136条の規定により 　　　　　　　　平成〇年5月1日登記	
登記記録に関する事項		平成〇年6月28日東京都千代田区麹町〇丁目△番□号から本店移転	
			平成〇年6月30日登記

　これは登記簿に記載されている閉鎖されていない事項の全部であることを証明した書面である。
　平成〇年　6月14日
　　　　　　東京法務局　新宿出張所
　　　　　　　登記官　法務　三郎　　　　　　　　　　　　　　　印
　　整理番号　　セ4〇〇〇　＊下線のあるものは抹消事項であることを示す。

株式会社に関するさまざまな情報が記載されていますね。株式会社のどのような情報を記載するのかは法律で定められており、株式会社側で好き勝手に登記事項を決められるものではありません。たとえば代表取締役の住所も登記されることになりますが、代表取締役が嫌だからといって記載しないということはできないのです。また真実と異なる虚偽の登記をすることは、法律に違反します。よって、コンプライアンスを重視する会社であれば、登記事項証明書には、その会社の実態にあった事項が記載されていると考えてください。**図表２−９**のような事項が登記事項とされています。

図表２−９　株式会社の主要登記事項一覧（平成27年２月10日現在）

※	◎	1号	目的
※	◎	2号	商号
※	◎	3号	本店の所在場所（定款記載事項は「所在地」）
		3号	支店の所在場所
	◎	4号	存続期間又は解散の事由についての定款の定めがあるときは、その定め
※		5号	資本金の額
※	◎	6号	発行可能株式総数
	◎	7号	発行する株式の内容（種類株式発行会社にあっては、発行可能種類株式総数及び発行する各種類の株式の内容）
	◎	8号	単元株式数についての定款の定めがあるときは、その単元株式数
※		9号	発行済株式の総数並びにその種類及び種類ごとの数
	◎	10号	株券発行会社であるときは、その旨
	◎	11号	株主名簿管理人を置いたときは、その氏名又は名称及び住所並びに営業所（定款記載事項は「設置する旨」のみ）
※		13号	取締役の氏名
※		14号	代表取締役の氏名及び住所（第22号に規定する場合を除く。）
	◎	15号	取締役会設置会社であるときは、その旨

IV 与信管理に使用するツール

◎	16号	会計参与設置会社であるときは、その旨並びに会計参与の氏名又は名称及び第378条第1項の場所（定款記載事項は「設置する旨」のみ）
◎	17号	監査役設置会社（監査役の監査の範囲を会計に関するものに限定する旨の定款の定めがある株式会社を含む。）であるときは、その旨及び監査役の氏名（定款記載事項は「設置する旨」のみ）
◎	18号	監査役会設置会社であるときは、その旨及び監査役のうち社外監査役であるものについて社外監査役である旨（定款記載事項は「設置する旨」のみ）
◎	19号	会計監査人設置会社であるときは、その旨及び会計監査人の氏名又は名称（定款記載事項は「設置する旨」のみ）
	21号	第373条第1項の規定による特別取締役による議決の定めがあるときは、次に掲げる事項 イ）第373条第1項の規定による特別取締役による議決の定めがある旨 ロ）特別取締役の氏名 ハ）取締役のうち社外取締役であるものについて、社外取締役である旨
◎	22号	委員会設置会社であるときは、その旨及び次に掲げる事項（定款記載事項は「設置する旨」のみ） イ）取締役のうち社外取締役であるものについて、社外取締役である旨 ロ）各委員会の委員及び執行役の氏名 ハ）代表執行役の氏名及び住所
◎	23号	第426条第1項の規定による取締役、会計参与、監査役、執行役又は会計監査人の責任の免除についての定款の定めがあるときは、その定め
◎	24号	第427条第1項の規定による社外取締役、会計参与、社外監査役又は会計監査人が負う責任の限度に関する契約の締結についての定款の定めがあるときは、その定め
	25号	前号の定款の定めが社外取締役に関するものであるときは、取締役のうち社外取締役であるものについて、社外取締役である旨
	26号	第24号の定款の定めが社外監査役に関するものであるときは、監査役のうち社外監査役であるものについて、社外監査役である旨

●第2章　与信管理

		27号	不特定多数の者がその提供を受けるために必要な事項であって法務省例で定めるもの第440条第3項の規定による措置をとることとするときは、同条第1項に規定する賃借対照表の内容である情報について
※	◎	28～30号	公告方法

※　必須登記事項　◎　定款記載事項
（平成27年5月1日施行の改正会社法により、一部変更される予定です）

(2)　株式会社の登記事項証明書の着眼点

①　名刺との一致

　ビジネスを行ううえでは、まず名刺交換を行うことになりますね。この名刺に記載された社名、住所から登記事項証明書を取得し、名刺に記載された情報と整合性があるかを確認します。具体的には、社名、本店の所在場所、役員等です。中小企業では登記上の本店の所在場所を自宅にして、実際の事業を行う場所を名刺に記載することはよくあることですが、名刺に代表取締役と書いてあるのに、登記事項証明書に記載されている代表取締役が異なる場合は注意したほうがいいでしょう。次のような可能性が考えられるからです。

　ⅰ）　個人破産リスク

　筆者が何度か目にした事例では、名刺に代表取締役と記載されている方が過去に破産しており、銀行借入れや取引信用上不都合があるため、身内の方を登記上の代表取締役にしているというケースです。こういったケースは、相手方が金銭的にルーズな可能性もあるため、注意したほうがいいでしょう。

　ⅱ）　反社会的勢力であるリスク

　社会的に反社会的勢力を排除する傾向が強まっていますが、大手企業や金融機関と取引する場合には、登記上に反社会的勢力と認定されるような人物が入っていると取引が難しくなります。そのため登記上は自分自身が反社会的勢力と認定されてしまう場合に、身内を代表者に立てて実体的には自らが

代表取締役として活動するというケースもあります。

　ⅲ)　詐欺リスク

　名刺は街の印刷会社に依頼すればどのような名刺でも作成することが可能ですから、代表取締役と書かれている名刺を持ち歩いている人物が実は会社とまったく関係ない人物ということもありえます。こうした場合、せっかく契約を締結しても契約の成立が法律的に認められないことも考えられますから、登記事項証明書を取得して代表取締役を確認することは必須といえるでしょう。

　②　ホームページとの一致

　インターネット上に公開されているホームページとの整合性も確認する必要があります。名刺と同様に社名、本店の所在場所、役員等のほか、創立の年月日も確認するようにします。

　名刺やホームページの情報と登記事項証明書の情報が一致しないことは、中小零細企業においてはよくあることですが、著しい間違いや虚偽の内容については顧問税理士や取引銀行などの第三者の指導により問題は是正されていくものです。放置されている場合にはこれらのアドバイザーが存在しないことが想定でき、取引を行ってもトラブルが発生しやすいと考えることができます。

　③　本店の所在場所と代表者の住所地

　本店の所在場所や代表者の住所の情報があれば、どれくらいの地価の場所に本店や住居を構えているか判明し、さらにそこから不動産の登記事項証明書を取得すれば、賃貸物件または所有物件であるか否かや、所有物件であれば借入れの状況も判明します。地元を同じくする企業同士であれば、住所をみれば大体どのような企業か想像ができるでしょう。

　④　役員陣の氏名

　取締役の氏名も重要な情報といえます。たとえば、取締役が3人いる会社で全員が「山田〇〇」という名前であればどのような会社想像されるでしょうか。「おそらく同族経営でやっている会社であろう」という想像はつくわ

けです。反対にいろいろな名字の方が名前を連ねていれば、さまざまな方々が参画している企業であるという想像ができます。同族経営が良い、悪いという話は置いておいたとしても、役員の構成と資本金や目的を総合的に観察するとどのような会社なのかが浮き上がってきます。

⑤ 大幅な役員の変更がないか

役員が総入替えされていたりするなど、役員の変更が多い会社は注意が必要です。筆者の経験上役員が総入替えする事情として考えられるのは、内紛が起こった場合か、会社の売買が行われた場合です。設立したけれど事業がうまくいかず、休眠状態になっている会社を二束三文で第三者に売却するということも実際上よく行われていることです。こうした会社と取引をして、売掛が回収できないという方を大勢見てきました。相手方からすれば二束三文で買った会社など、塩漬けにしていつでも逃げてしまえるため、取引相手にするには注意が必要なのです。

⑥ 解任の登記がないか

役員が就任したり、辞任したりという事情があったときは、その旨も登記されます。役員の地位を喪失する原因として、自ら辞める「辞任」や「死亡」という原因がありますが、「解任」を原因として役員の地位が剥奪されている場合は注意が必要です。下記の**記載例２−７**を見てください。

記載例２−７　株式会社の登記事項証明書（解任）

役員に関する事項	取締役　加藤一郎	平成○年６月28日就任
		平成○年６月30日登記
	取締役　加藤一郎	平成○年６月28日解任
		平成○年６月30日登記

「解任」と書かれていますね。筆者は司法書士として多くの株式会社の登記実務に関わっていますが、「解任」を原因として役員を辞めさせられてい

るのはまれです。実際上は解任に近い形でも、辞任届を書かせて辞任としている会社も多いと聞きます。いずれにしてもあまり多いケースではないということを覚えておいてください。

❺ ホームページ等

インターネットの普及により、中小零細の企業においても自社のホームページ等を開設し、情報発信を行っていることがあたりまえになりました。これらからも情報は無料で入手できるため、少額債権の与信管理においては非常に有効です。

(1) ホームページの着眼点
① 更新頻度

ホームページのトップなどに、会社の行事予定等が掲載されることがあります。筆者の経験上、未払いを起こした会社はこの更新が止まっていることが多いようです。過去の更新頻度と比較して、現在の頻度が落ちているようであれば注意したほうがよいでしょう。

② 主要取引先

自社の信用を高めるため、取引銀行や大手の取引先を掲載している場合があります。一度きりの取引や、銀行口座があるだけでも主要取引先として掲載することがありますから、あまり信用度合いを測る尺度にはなりません。一方で強制執行の観点からは、預金債権も取引先に対する売掛債権も債権執行の対象となるため、情報を取得しておくとよいでしょう。いざ資産状況が悪くなると、ホームページ自体が閉鎖されることもありますから、筆者の場合はプリントアウトするようにしています。

③ ブログ、SNS

ホームページに関連して、ブログやSNS（ソーシャルネットワークサービス）も無料で情報が入手でき、少額債権の与信管理においては有効といえます。ホームページよりも代表者や従業員の行動や取引先が生々しく紹介され

ており、相手方の社風や代表者の人柄を知るうえでも有効なものです。筆者はブログの情報を頼りに、雲隠れした債務者を見つけ出し、差押えを実行したことがあります。それほど個人の情報が容易に入手できる時代なのです。

❻ インターネット地図

　インターネットサービスの発達により、オフィスに居ながらにして、全国の地図や写真をインターネットで無料で取得できる時代になりました。筆者は、名刺の住所の情報から必ずインターネットで、該当する場所の地図を閲覧するようにしています。相手方がどのような雰囲気の街に住居や事業所を構えているかを確認することで、おおよその信用状態を図ることができるためです。こういったサービスが発達する前は、審査の担当者が実際に現地を見て回って確認するということがよく行われていたようですが、現在はベテランの審査担当者もインターネットで現地を確認しているようです。

❼ 企業調査会社のデータ

　企業調査会社のデータも有力なツールとなります。新規で調査の依頼をすると、費用もそれなりに発生しますが、すでに調査済みのデータが存在する企業であれば、安価に情報を取得することもできます。

　企業調査会社は独自の調査ノウハウを基に、企業の信用状態を調査します。企業調査会社の担当者と懇意にしていると有益な情報をより得やすいという面もあるようですから、接点はもっておくとよいでしょう。

❽ 官　報

　官報には、破産者の情報、行政処分の情報等が掲載されるため、与信管理を行ううえでは、有力なツールです。インターネット上で官報の情報を検索することができる、独立行政法人国立印刷局の運営する「官報情報検索サービス」[2]であれば費用も低額であるため、活用しやすいといえます。

Ⅳ　与信管理に使用するツール

❾　決算書

　決算書は与信管理における代表的なツールですが、筆者自身は少額債権に関する与信管理の場合には必須だとは思っていません。理由としてはまず取得するには取引相手の協力が必要となりますが、少額債権取引において決算書を提出してくれる企業が少なく、必ずしも入手できるとは限らないこと、管理や分析が煩雑であることがあります。少額債権の与信管理は効率的に行っていく必要があるため、決算書の入手を取引開始の必須条件として分析に時間をかけることは得策ではないでしょう

　ただし、決算書の記載から取引金融機関等の貴重な情報が入手できることがあるため、予備的な資料として指定しておくことは望ましいでしょう。

❿　相手方が個人の場合における特有のツール

　病院や介護施設、賃貸オーナー、通信販売会社のように主として個人を相手に取引を行っている事業主の場合、個人に対して与信管理を行うことになります。会社に対する与信管理と比較して、あまりノウハウが蓄積されているとはいえません。高齢社会の進展や所得格差拡大を受けて相手方が有効に契約を締結できるだけの理解力があるかの確認や、資産状況を調査する必要性は増大しているといえます。個人の与信管理を行うツールとしては、株式会社の与信管理の際に紹介した不動産の登記事項証明書やインターネットから得られる情報が活用できるほか、特有のものとして主に次のものがあります。

(1)　課税証明書（所得証明書）

　各年の1月1日から12月31日までの、1年間の所得に対する住民税額を証明するものです。所得の金額等も記載されているため「所得証明書」と呼ば

---

(2)　http://kanpou.npb.go.jp/

れることもあります。住宅ローンを銀行に申し込む際に、読者の方も銀行に提出したことがあると思いますが、あれは銀行が課税証明書をもとに与信管理を行っているのです。取得できるのが本人等に限定されているため、相手方に自発的に提出させる必要があります。本来であれば賃貸契約の場合や介護施設の入居の際には、提出書類の一部として提出を義務付けたほうがよいのですが、あまり徹底されてはいないようです。

(2) 成年後見登記に関する書面

　高齢社会となった現在では、相手方がある一定の年齢になった場合には、相手方が有効に契約を締結できる能力があるかをしっかり行ったほうがよいでしょう。民法では、未成年者や認知症等により成年被後見人等となった人たちについては、単独では有効に契約等を行う能力がないとしており、せっかく契約を締結しても後から無効になることもありえます。未成年者であれば年齢の確認は容易にできますが、相手方が認知症等により契約を締結できる能力があるかどうかを判断するのは容易ではありません。しかし、成年被後見人等となった場合、その旨が登記されるため実際に成年後見制度による保護の対象となっているのかどうかの判断は、登記事項証明書（記載例2－8）を取得すれば容易にわかります。成年後見人等が選任されている場合には、その旨の証明書が発行され、選任されていない場合には、登記されていないことの証明書（56頁記載例2－9）が発行されます。これらの書面も取得できるのが本人等に限定されていますが、契約に際しては提出書類の1つにしてもいいでしょう。

　以上が少額債権の与信管理についてのポイントです。与信管理を行うのはたしかに面倒かもしれません。しかし、おそらく今まで行ってこなかったわけですから、実際に実行に移すと目に見えて効果が上がってくることもあります。そうなってくると与信管理を担当する方の評価もグンと上がってきますし、どんどん仕事が楽しくなると思います。ぜひ前向きに取り組んでみてください。

Ⅳ　与信管理に使用するツール

記載例2－8　登記事項証明書（成年後見）

　　　　　　　　　　　登記事項証明書

　　　　　　　　　　　　　　　　　　　　　　　　｜後　見｜

後見開始の裁判
　　【裁判所】東京家庭裁判所
　　【事件の表示】平成〇〇年（家）第123号
　　【裁判の確定日】平成〇年7月23日
　　【登記年月日】平成〇年7月31日
　　【登記番号】第20△△-12345号

成年被後見人
　　【氏名】太田　花子
　　【生年月日】大正〇年〇月〇日
　　【住所】東京都〇〇区〇〇一丁目1番1号
　　【本籍】東京都〇〇区〇〇一丁目1番1号

成年後見人
　　【氏名】山田　太郎
　　【住所】東京都〇〇区〇〇一丁目1番1号
　　【選任の裁判確定日】平成〇年7月23日
　　【登記年月日】平成〇年7月31日

上記のとおり後見登記等ファイルに記録されていることを証明する。

平成〇年6月14日

東京法務局　登記官　　　　　　　法　務　八　郎　｜印｜

　　　　　［証明書番号］　20□□-1234　　（1／1）

●第2章　与信管理

| 記載例2-9 | 登記されていないことの証明書 |

登記されていないことの証明書

①氏　名	法務　太郎
②生年月日	明治 □　大正 □　昭和 ✓　平成 □　西暦 □　または　○年 ○月 ○日
③住　所	都道府県名　　　　　市区群町村名 東　京　都　　千代田区大手町 丁目　大字　地番 一丁目○番○号
④本　籍 □ 国　籍	都道府県名　　　　　市区群町村名 東　京　都　　千代田区大手町 丁目　大字　地番（外国人は国籍を記入） 一丁目○番○号

　上記の者について、後見登記等ファイルに成年被後見人、被保佐人とする記録がないことを証明する。
　平成○○年1月4日
　東京法務局　登記官　　　　　　　　　　　　　法務一郎　㊞
【証明書番号】○○○○○—○○○○

第3章

少額債権の管理・保全

I 債権管理

❶ 債権管理とは何か

　債権管理とは、商品等を販売して発生した債権について、その残高や入金の有無、時効等により消滅しないかなどを管理して、損失発生を防ぐための業務です。与信管理も債権管理の一種として位置付けられることがあります。

(1) なぜ債権管理が必要なのか

　契約時に与信管理をして、取引を開始してもその入金があったか否か、取引先に対してどれだけの売掛金が発生しているのかなどの管理をしっかりしていないと、入金がないにもかかわらず、商品を継続して販売していたり、相手方の資金力に比較して過大な売掛が発生していることもありえます。少し大きな会社では、営業部門に未入金の連絡がうまく伝わっておらず、未入金が継続しているにもかかわらず、営業マンは何も知らずに商品を販売し続けたということもあります。また社長さんが１人で営業を行っているような会社でも、忙しさのあまりに債権の管理は後回しということもあります。

　債権回収を行ううえでは、未入金や想定していない額の売掛が発生したら素早く対応するのが一番のポイントです。特に少額債権の回収の場合は、未収発生直後であれば電話１本で支払いを受けられることも少なくありません。反対に１年前の債権や過大に膨らんだ債権を回収するのはかなりの困難を伴います。それほど債権管理は大切なものであると認識してください。

(2) どうすれば債権管理がうまくいくのか
① 意識付け

多くの会社では経理担当者の方々が、未入金を真っ先に把握される人たちです。本書は経理、税務処理についても解説している書籍ですから、もしかすると読者の方にも経理御担当の方がいらっしゃるかもしれませんね。経理担当の方が、未入金や想定していない額の売掛の発生を確認したときにどれだけ早く対応できるかが大きなポイントになってきます。ですから、経理担当の方を未入金が明らかになったときに「マズイ。回収しないと」という意識を持ってもらうように啓発しなければなりません。

通信販売会社や、病院などを中心に少額債権が発生しがちな組織では、経理部門のなかに「入金管理課」、「債権管理課」というように、未入金や売掛の金額を専門的に管理する部署を設けています。それほど債権管理とは大切なものなのです。

② ガイドラインの作成

債権管理に関するそれぞれのプレイヤーを効率的に動かすには、債権管理のガイドラインの作成をすると効果的です。次のようなことを定めます。

```
ⅰ) 債権管理の担当部署、担当者
ⅱ) 回収の担当部署、担当者
ⅲ) 回収担当部署への伝達のタイミング
ⅳ) 営業担当部署への伝達のタイミング
```

これだけのことを定めておくだけでも、未収が発生した直後であれば大変効果的です。こうした取決めがないと、担当者としても動きにくいものです。まだガイドラインを作成していないという場合には、早急に定めるといいでしょう。

③ 部門間のミーティング

債権管理の担当部署、回収の担当部署、営業の担当部署が債権回収の主要なプレイヤーですが、定期的にこれらの部署の担当者がミーティングを持つということも効果的です。おそらく最初はそれぞれの意向が先行してうまくかみ合わないかもしれませんが、相互の認識を共有することで意思の伝達がスムーズになります。

図表3−1 債権管理のイメージ

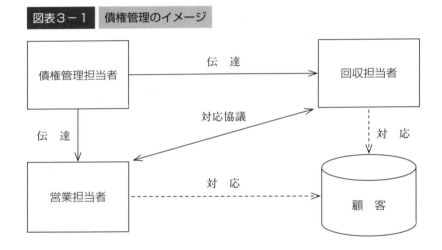

④ 契約書等の整備

債権保全にもかかわりますが、少額取引における債権管理においては、契約書の整備が重要です。少額取引においては、他の取引の契約書を使いまわしていたり、そもそも契約書が存在しないというケースがみられます。契約書が適当なものではなかったり、そもそも存在しなかったりすると、裁判手続を考えた場合には、かなりの労力がかかることになります。少額取引の特徴を押さえてフォーマットを用意するとよいでしょう。

少額取引に用いる契約書のポイントは、シンプルなものであることです。少額取引は頻繁に行われスピードが求められるものであり、契約書において

も取引開始が決定してすぐに締結されることも多くあります。そのため取引の相手方から説明を求められた場合に、営業担当者が現場で説明できる程度にシンプルなものが望ましいです。

　少額債権の回収の観点からは最低限、ⅰ）商品内容（あるいはサービス内容）、ⅱ）代金、ⅲ）代金の支払日、ⅳ）契約日が記載するようにします。形式としても契約書にこだわらず、注文書等の形式でも必要事項が記載されていればよいでしょう。

　商品やサービスの性質により瑕疵担保責任や損害賠償、知的財産権等について大きな損害やトラブルが発生することが想定されるものについては、対応する条項を記載することも必要ですが、その場合でも現場が使いにくい複雑なものにしすぎないということは大切です。現場に嫌がられるようなものだと、やがて使われなくなってしまうものです。それでは契約書を作成した意味がありませんよね。筆者はＡ４またはＡ３で１枚でまとまるものが使いやすいのではないかと思っています。

　次頁記載例３－１・３－２は、売買契約書と注文書の記載例です。少額債権の管理に対応するためシンプルな内容になっています。１つの参考にしてみてください。

●第3章　少額債権の管理・保全

記載例3－1　売買契約書

売買契約書

　株式会社山田産業（以下「甲」という）と、株式会社佐藤産業（以下「乙」という）とは、商品の売買に関し、以下のとおり契約する。

第1条（目的）
　　甲は、その所有する下記の商品（以下「本件商品」という）を乙に売り渡し、乙はこれを買い受けた。
　　　品名　○○○
　　　数量　100個
第2条（引渡し）
　　商品の引渡しは、平成○年○月○日限り、乙の本店においてなすものとする。
第3条（単価および売買代金総額）
　　売買代金の総額は金○○円（税別）とし、平成○年○月末日限り、振込みにより支払うものとする。振込手数料は、乙の負担とする。
第4条（協議）
　　本契約に定めのない事項が生じたとき、または本契約各条項の解釈について疑義が生じたときは、甲乙は誠意をもって協議し、これを解決する。
第5条（合意管轄）
　　甲および乙は、本契約に関して紛争が生じた場合には、甲の住所地を管轄する裁判所を第一審の専属的合意管轄裁判所とすることに合意する。

　以上、本契約の成立を証するため、本書2通を作成し、甲乙各記名押印のうえ、各1通を保有する。

　平成○○年○○月○○日

甲（住　所）　　東京都新宿区○○一丁目1番1号
　（名　称）　　株式会社山田産業
　　　　　　　　代表取締役　山田太郎　　　　　　印

乙（住　所）　　大阪市中央区本町一丁目1番○号
　（名　称）　　株式会社佐藤産業
　　　　　　　　代表取締役　佐藤太郎　　　　　　印

記載例3−2　注文書

株式会社山田産業　御中

注　文　書

品　名	数　量
○○製パソコン（LHS−5,000）　単価　10万円	5台
合　計	金50万円

上記のとおり注文いたします。

平成○○年○○月○○日

大阪市中央区本町一丁目1番○号
株式会社佐藤産業
代表取締役佐藤太郎　　　　　　　印

●第3章　少額債権の管理・保全

Ⅱ 債権保全

❶ 債権保全とは何か

　債権保全とは、取引先の信用不安など債権の未回収の危険が高まったときに備えて、平常時から自らの債権について迅速かつ確実な回収を可能にする取組みをいいます。担保物を取得したり、連帯保証人をとったりといった、債権の回収可能性を高める行為であれば、すべて債権保全行為といえます。取引先に関して信用不安が発生してからでは、その取引先に関するすべての債権者が一斉に債権回収を行うため、自社債権を確実に回収するというのは難しくなります。債権保全をしっかりと行っておくことで、回収可能性を高

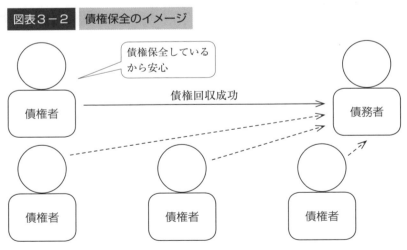

図表3－2　債権保全のイメージ

●債権回収は早いもの勝ち。
●債権保全をすることで、多くの債権者の競争のなかで優位に立てる。

めることができますし、特に少額の債権の場合は、ちょっとした工夫で回収可能性が格段に高まります。債権保全の手法は一般的に次の手法があります（図表３－２参照）。

(1) 取引条件による債権保全

　取引条件を工夫することで、債権の未回収のリスクに備えることも債権保全の一種です。たとえば、取引に際して相手方に「取引保証金」という名目で保証金を要求したりすることもあります。賃貸借契約の場合は、保証金や敷金を預け入れさせることがありますよね。あれも取引保証金の一種とみることができます。法的に保証金を取ることが規制されていないのであれば、導入を検討してみてもいいのではないでしょうか。

　またこれ以外にも、単に支払期日を早めてもらうというのも債権保全の一種といえます。長年の慣習で、なんとなく支払期日が長いという会社もあるようですが、時代の移り変わりとともに決済手段も多様化しているわけですから、合理性があるのか見直しをするとよいでしょう。

(2) 相殺の利用

　事業者間取引の場合には、自社と取引先が相互に債権債務を負担している場合（次頁図表３－３）もあります。この場合には「相殺（そうさい）」（民法505条）を利用して債権保全を図ることもできます。たとえば、自社が相手方に持っている債権（自働債権）が100万円、取引先から自社への債権（受働債権）が70万円の場合に相殺を行えば、70万円については自社から相手方への支払債務が消滅するため、70万円について回収に成功したのと同じ効果があります。

　自社自身が相手方に対して債権を持っていなくても、自社の子会社やたしかな関連先から相手方に対する債権の債権譲渡を受けて、相殺を行うということも実際に行われています。未払いの回収は現金で行うという概念は外して、相手方に債務を負担している場合には、早めに相殺を行ったほうがいい

図表3-3　相殺のイメージ

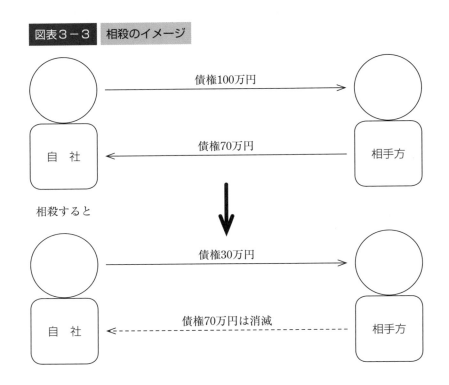

でしょう。

　相殺の実行方法は、相手方に対する一方的な意思表示で行うことができます（民法506条）。相手方の同意は必要なく、口頭による意思表示でも実行は可能ですが、実務上は記録として残るように内容証明郵便で行います。

(3) 担保の利用

　債権保全の主要な手法といえるのが、担保を利用した手法です。連帯保証や抵当権が有名な担保といえます。これ以外にもさまざまな担保がありますが、少額債権の回収において最も有効な担保は連帯保証です。この連帯保証の獲得について磨きをかけていくことが、少額債権の未回収を減らす大きなポイントです。以下では、担保の概要と主要な担保について説明したうえ

で、連帯保証について詳しく説明していきます。

❷ 担保とは何か

担保は、まず担保の対象となるものに着目して、「人的担保」と「物的担保」に分類されます（**図表３－４参照**）。

人的担保とは、本来的な債務者以外の人にも支払義務を負わせる形で担保を取得することをいい、具体的には、「保証」を意味します。これにより債権者としては債務者の財産以外に、保証人の財産からも支払いを受けることができるようになります。

物的担保とは、債権保全のために不動産や動産などの物に設定される担保です。抵当権や質権などが代表的なものです。債務者の支払いが滞った場合などには、その物の代金等から優先的に弁済を受けることができるようになります。

(1) 物的担保の分類

物的担保は、「典型担保」と「非典型担保」に分類されます。典型担保とは、民法等の法律にその成立や効果等が定められた担保です。法律に書かれているような典型的な担保ということですね。具体例としては、抵当権、根抵当権、先取特権などがあります。これに対して、非典型担保とは法律に明確な定めはありませんが、判例や実務で認められている担保です。具体例としては、譲渡担保、所有権留保等があります。

このほか「法定担保」、「約定担保」という分類があります。法定担保とは、当事者の合意に関係なく、一定の要件が備われば当然に成立する担保です。具体例としては、留置権や先取特権というものがあります。約定担保物権とは、当事者の契約により成立する担保です。具体例としては、抵当権や譲渡担保権があります。これらの分類は担保を深く理解していくうえで大切な分類です。初めて学ばれる方は少し眠たいかもしれませんが、頑張って理解してください。

●第3章　少額債権の管理・保全

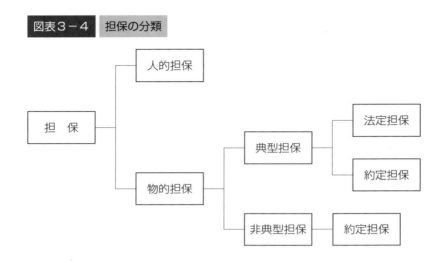

図表3-4　担保の分類

(2)　担保の効力

　人的担保の効力は、債務者の財産以外に保証人の財産も債権回収の対象とするわけですから、債権回収の対象財産の拡張という効力を持ちます。物的担保は、債務者以外の第三者から担保提供を受けた場合には、保証人と同様に対象財産の拡張という効力を持つほか、その種類に応じて次のような効力を持ちます。

　① 　留置的効力

　留置的効力とは、債権者が債務者の財産を預かっている場合に、債務者が支払いを行うまでは債務者の財産を債権者の占有に留め置くことができる効力です。具体例としては、パソコンの修理業者さんが、修理のためにパソコンを預かった場合に、依頼者が修理代金の支払いを行うまで依頼者に引渡しを行わないことなどが挙げられます。このような場合、依頼者としては手元にパソコンがなければ業務や生活に差し支えることになりますから、支払いを促す強い力があります。

　留置的効力を有する担保としては、留置権と質権が存在します。

② 優先弁済的効力

優先弁性的効力とは、担保の目的となっている物から、他の債権者より優先的に弁済を受けることができる効力です。優先弁済的効力は、抵当権、質権、先取特権などに認められます。

❸ よく利用する担保

(1) 抵当権（民法369条）

債務者の所有する不動産に設定する担保で、住宅ローンを借りる場合などによく利用される担保です。よく「自宅を抵当に入れる」などといわれますが、あれは自宅に抵当権という担保を設定したという意味です（図表３－５参照）。抵当権を設定しても、所有権は引き続き債務者に残りますし、抵当権を設定した不動産に住んだり、誰かに貸したりすることもできます。万が一、債務者が支払いを滞った場合には、抵当権を取得した債権者としては、抵当権を実行して、不動産を売却し、その代金から優先的に支払いを受けることができます。

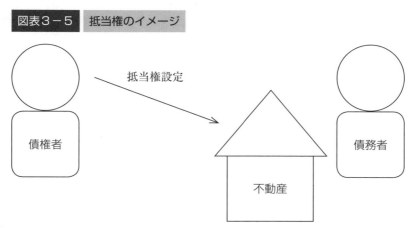

図表３－５　抵当権のイメージ

●債務者は、引き続き不動産に住むこともできる。
●債権者は、いざというときには不動産を売却できる。

抵当権は債務者以外の第三者が提供した不動産にも設定することができます。一方で、家財道具などの動産は抵当権の対象とはなりません。抵当権を債務者の不動産に設定するには登記が必要になりますが、登記手続が未経験の方の場合には、うまくいかないことも想定されます。司法書士に依頼したほうが無難でしょう。抵当権の知識は与信管理などを行ううえでも必要な知識です。多くの場合、不動産には抵当権などの何かしらの担保権が設定されていることが多いですが、自分以外に優先される債権者がその不動産には存在することを意味します。

(2) 根抵当権（民法398条の2）

　根抵当権とは、一定の範囲に属する債権を極度額の範囲で担保するために、不動産に設定される担保です。「抵当権」に「根」という文字がついていますね。基本的には抵当権の仲間であると思っておいていただければ結構です。抵当権との違いは、抵当権が債権者の債務者に対する「○○年○○月○○日付の貸付債権」というように、特定の債権を担保するものであるのに対して、根抵当権は、あらかじめ定めた範囲に属する債権を担保するというものです。抵当権は、担保の対象となった債権が返済されれば、法的には自動的に消滅します。根抵当権の場合は、仮に債権者と債務者の間の債権債務がなくなっても、原則として自動的には消滅しません。別途抹消する手続が必要です。事業者のように継続的にお金を借りる必要のある人にとっては、借入れのたびに抵当権を設定しているようでは非常に面倒ですし、手数料も負担となります。その点根抵当権は便利といえますので、根抵当権は主に銀行が事業者にお金を貸す場合利用されます。

　根抵当権の対象に差し出した不動産も、抵当権と同様に債務者が支払いを滞らない限り、債務者において自由に利用することができますが、債務者支払いを怠るなどの場合には、債権者が根抵当権に基づいて不動産を売却して、その売却代金から優先的に支払いを受けることができます。不動産の登記事項証明書を見たときに、抵当権が設定されているのか根抵当権が設定さ

れているのかで、不動産の所有者が事業をやっている人かどうかはある程度判断できます。

(3) 質権（民法342条）

　質権とは、債権者がその債権の担保として債務者または担保提供者から質権の対象とする物（質物）を受け取り、債務者から債務の弁済を受けるまで質物を留置して、その弁済を間接的に強制するとともに、債務者から弁済がない場合には質物を競売し、その代金から他の債権者に優先して弁済を受けることができる権利です。質権の対象となる物は、譲渡可能なものであれば制限はありません。動産（動産質）、債権（権利質）、不動産（不動産質）いずれも対象とすることができます。ただし、質物の引渡しが必要となることから、不動産に質権を設定することは少ないようです。また動産質も質物を債権者において保管しなければならず、債権者が保管中に質物が焼失、破損した場合には賠償責任を問われる可能性もあるため、実務的にはあまり用いられていません。実務上最も広く質物の対象とされているのは債権です（次頁図表3－6参照）。

　債権者は債務者に対して支払義務を負う者（第三債務者）から、質権によって保全した債権金額の部分に限り、執行手続によらずに直接取立てをすることができます（民法366条1項・2項）。

(4) 譲渡担保

　譲渡担保とは、民法等の法律に定められておらず、判例により認められる非典型担保です。抵当権のように担保物件の占有や利用を担保提供者に委ねながら、担保の対象財産の所有権を譲渡担保権者に移転する形式をとったものです。譲渡担保は、工作機械などの企業が事業に用いる動産を担保に取得する方法として実務的に広がってきました。機械は動産であるため、質権により担保設定をすることもできますが、引渡しを行わなければならないため、担保を提供した企業としては事業に用いることができなくなります。こ

●第3章　少額債権の管理・保全

図表3-6　債権質のイメージ

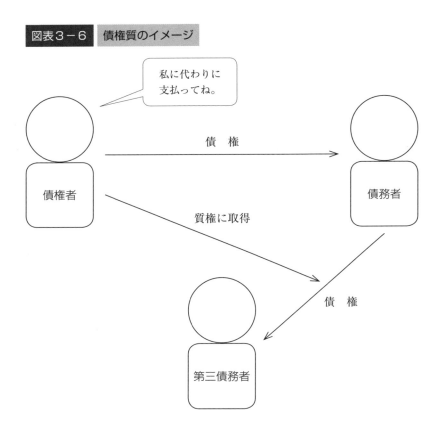

うした課題を克服しつつ、債権保全を行う方法として譲渡担保は広がっていきました。

譲渡担保の対象としては、機械や在庫などの動産や、売掛金などの債権、不動産が認められます。個々の動産や債権に担保設定することもできますが、「ある倉庫に存在する在庫すべて」というような集合物や（集合動産譲渡担保）、「今現在および将来に発生する売掛債権」というような集合的な債権（集合債権譲渡担保）を対象とすることができます。

(5) 留置権（民法295条、商法521条）

留置権は法定担保物権であり、法律に定める要件を満たせば発生します。留置権には民事留置権と商事留置権が存在し、その発生要件が異なります。民事留置権は他人の物の占有者がその物に関して生じた債権の弁済を受けるまで、自らの元に留置できるとされており、留置物と債権との間に「牽連性」が要求されます。留置物は債務者所有のものに限られません。これに対して商事留置権は、債権者債務者とも株式会社等の商人である場合において、商行為によって生じた債権の弁済を受けるまで、債権者が商行為によって占有することとなった債務者所有の物を留置することができるとされ、牽連性は必要とされていませんが、一方では留置することができるのは債務者の所有物に限られるとされます。商取引の実務では商事留置権を利用することが多いですが、個別事案ごとにどちらの留置権を主張するか検討することも必要となります。

(6) 保　証

① 保証とは何か

保証には、「通常の保証（民法446条）」と「連帯保証（民法454条）」が存在します。通常の保証には、債権者からの請求に対して、主たる債務者に先に請求することを要求する「催告の抗弁権（民法452条）」や主たる債務者の財産に対して先に執行することを要求する「検索の抗弁権（民法453条）」が存在します。また、保証人が複数存在する場合に、保証契約に特段の定めがない場合には、保証人となった者の頭数で分割された債務についてのみ責任を負うこととなります。これを「分別の利益」といいます。通常の保証における保証人のこうした抗弁や利益は、債権者からすると回収活動に支障をきたすだけであるため、実務上はこうした抗弁等が認められていない連帯保証を取得することがほとんどです。

② 契約の成立

保証契約は、債権者と債務者間ではなく、債権者と保証人との間で契約を

締結し成立するものです。保証契約は、口頭の約束では成立せず書面によらなければ成立しないとされており、「要式契約」であるとされています（民法446条2項）。保証契約自体の無効を事後的に争われないようにするためには、保証契約書は公正証書にすることが望ましいといえますが、実務的には公正証書の作成に保証人が応じることは多くありません。そのため少額債権の場合、当事者で作成した保証契約書により保証契約を締結することとなりますが、面談や電話にて、意思確認を必ずしたほうがよいでしょう。

③　根保証（民法465条の2）

根保証とは継続的な取引関係から将来生じる不特定多数の債務を主たる債務として保証するものです。根保証と保証の関係は、根抵当権と抵当権の関係に似ています。保証は、保証する債務が消滅した場合には、それに関する保証債務も消滅します。これでは貸付契約ごとや取引契約ごとに保証契約も締結しなければならず、手続が煩雑となるため、これを乗り越えるものとして実務上利用されているのが根保証です。

根保証には、根保証の期限や極度額を定めていない「包括根保証」と根保証の期限や極度額を定めている「限定根保証」が存在します。包括根保証については、主たる債務に融資に関する債務が含まれる場合には、民法において禁止されています（民法465条の2～465条の5参照）。通常の商取引による売掛金支払債務等の包括根保証契約については、民法の規制は及びませんが、包括根保証は訴訟に発展した場合に効力の制限を受けることが多いということは覚えておいてください。

④　保証制限の動き

近年、主に金融機関の融資に際して安易に保証を取得することを制限する動きが活発となっています。平成25年12月に日本商工会議所と全国銀行協会が中心となって設置した「経営者保証に関するガイドライン研究会」が発表した、「経営者保証に関するガイドライン」[1]において、安易な経営者保証の

---

[1]　一般社団法人全国銀行協会ウェブサイト（http://www.zenginkyo.or.jp/news/2013/12/05140000.html）において閲覧できます。

取得や、保証取得時のあり方などが示されています。また平成26年8月26日に決定された「民法（債権法）の改正に関する要綱仮案」（図表3-7）においても、事業性融資について個人保証の制限が示されています[(2)]。

図表3-7　民法（債権関係）の改正に関する要綱仮案抜粋

6　保証人保護の方策の拡充
(1)　個人保証の制限
　個人保証の制限について、次のような規律を設けるものとする。
ア　保証人が法人である場合を除き、事業のために負担した貸金等債務を主たる債務とする保証契約又は主たる債務の範囲に事業のために負担する貸金等債務が含まれる根保証契約は、その契約の締結に先立ち、その締結の日前1箇月以内に作成された公正証書で保証人になろうとする者が保証債務を履行する意思を表示していなければ、その効力を生じない。
イ　アの公正証書を作成するには、次に掲げる方式に従わなければならない。
　㋐　次に掲げる保証契約を締結し、保証人になろうとする者が、それぞれ次に定める事項を公証人に口授すること。
　　a　保証契約（bを除く。）　主たる債務の債権者及び債務者、主たる債務の元本、主たる債務に関する利息、違約金、損害賠償その他その債務に従たる全てのものの定めの有無及びその内容並びに当該主たる債務者が債務を履行しないときには、当該債務の全額について履行する意思（保証人になろうとする者が主たる債務者と連帯して債務を負担しようとするものである場合には、債権者が主たる債務者に対して催告をしたかどうか、主たる債務者がその債務を履行することができるかどうか又は他に保証人がいるかどうかにかかわらず、その全額について履行する意思）を有していること。
　　b　根保証契約　主たる債務の債権者及び債務者、主たる債務の範囲、保証契約における極度額、元本確定期日の有無及びその内容並びに当該主たる債務者がその債務を履行しないときに

---

(2)　法務省ウェブサイト（http://www.moj.go.jp/shingi1/shingi04900227.html）において閲覧できます。

は、極度額の限度で元本確定期日又は5(2)ア若しくはイに掲げる事由が生じた時までに生じた主たる債務の元本及び主たる債務に関する利息、違約金、損害賠償その他その債務に従たる全てのものの全額について履行する意思（保証人になろうとする者が主たる債務者と連帯して債務を負担しようとするものである場合には、債権者が主たる債務者に対して催告をしたかどうか、主たる債務者がその債務を履行することができるかどうか又は他に保証人がいるかどうかにかかわらず、その全額について履行する意思）を有していること。
　(イ)　公証人が、保証人になろうとする者の口述を筆記し、これを保証人になろうとする者に読み聞かせ、又は閲覧させること。
　(ウ)　保証人になろうとする者が、筆記の正確なことを承認した後、署名し、印を押すこと。ただし、保証人になろうとする者が署名することができない場合は、公証人がその事由を付記して、署名に代えることができる。
　(エ)　公証人が、その証書は(ア)から(ウ)までに掲げる方式に従って作ったものである旨を付記して、これに署名し、印を押すこと。
　　（注）　保証人になろうとする者が口をきけない者である場合又は耳が聞こえない者である場合については、民法第969条の2を参考にして所要の手当をする。
ウ　ア及びイの規定は、事業のために負担した貸金等債務を主たる債務とする保証契約又は主たる債務の範囲に事業のために負担する貸金等債務が含まれる根保証契約の保証人の主たる債務者に対する求償権についての保証契約（保証人が法人であるものを除く。）に準用する。
エ　次に掲げる者が保証人である保証契約については、アからウまでの規定は、適用しない。
　(ア)　主たる債務者が法人その他の団体である場合のその理事、取締役、執行役又はこれらに準ずる者
　(イ)　主たる債務者が法人である場合のその総社員又は総株主の議決権の過半数を有する者
　(ウ)　主たる債務者が個人である場合の主たる債務者と共同して事業を行う者又は主たる債務者が行う事業に現に従事している主たる債務者の配偶者
(2)　契約締結時の情報提供義務
　契約締結時の情報提供義務について、次のような規律を設けるものとする。

ア　主たる債務者は、事業のために負担する債務についての保証を委託するときは、委託を受ける者（法人を除く。）に対し、次に掲げる事項に関する情報を提供しなければならない。
　　(ｱ)　財産及び収支の状況
　　(ｲ)　主たる債務以外に負担している債務の有無並びにその額及び履行状況
　　(ｳ)　主たる債務の担保として他に提供し、又は提供しようとするものがあるときは、その旨及びその内容
　イ　主たる債務者がアの説明をせず、又は事実と異なる説明をしたために委託を受けた者がアの(ｱ)から(ｳ)までに掲げる事項について誤認をし、それによって保証契約の申込み又はその承諾の意思表示をした場合において、主たる債務者がアの説明をせず、又は事実と異なる説明をしたことを債権者が知り、又は知ることができたときは、保証人は、保証契約を取り消すことができる。
(3)　保証人の請求による主たる債務の履行状況に関する情報提供義務
　　請求による履行状況の情報提供義務について、次のような規律を設けるものとする。
　　　債権者は、委託を受けた保証人から請求があったときは、保証人に対し、遅滞なく、主たる債務の元本及び主たる債務に関する利息、違約金、損害賠償その他その債務に従たる全てのものについての不履行の有無並びにこれらの残額及びそのうち履行期限が到来しているものの額に関する情報を提供しなければならない。
(4)　主たる債務者が期限の利益を喪失した場合の情報提供義務
　　主たる債務者が期限の利益を喪失した場合の情報提供義務について、次のような規律を設けるものとする。
　ア　主たる債務者が期限の利益を有する場合において、主たる債務者がその利益を喪失したときは、債権者は、保証人（法人を除く。）に対し、主たる債務者がその利益を喪失したことを知った時から2箇月以内に、その旨を通知しなければならない。
　イ　債権者は、アの通知をしなかったときは、保証人に対し、主たる債務者が期限の利益を喪失した時からその旨の通知をした時までに生じた遅延損害金（期限の利益を喪失しなかったとしても生じていたものを除く。）に係る保証債務の履行を請求することができない。

民法（債権関係）の改正に関する要綱仮案27頁～30頁
法務省ウェブサイト（http://www.moj.go.jp/shingi1/shingi04900227.html）

こうした動きを受けて筆者の顧問先などからも保証契約についての問合せなどが増えています。しかし、過度に保証の取得について萎縮する必要はないと思います。今後の議論において徐々に具体像が見えてくることになりますから、こうした動きがあるということを把握したうえで、改正の動きを注視していく必要があるでしょう。

Ⅲ 少額債権の保全では連帯保証の活用を

❶ 連帯保証のメリット

先ほど少額債権の保全には連帯保証が有効と書きました。これは筆者の経験上さまざまな形態の保全方法を活用していくなかで、連帯保証が最も効果的であったという経験からそう認識しています。

連帯保証の他の担保と比較したメリットは次のとおりです。

(1) 簡単である

連帯保証は、他の担保と比較して取得することが簡単です。口頭の約束では成立しませんが、それでも連帯保証契約書に署名押印をもらえれば取得することができます。たとえば抵当権であれば、登記をしなければなりませんから、登記に関する最低限の知識、必要書類を集めたりする手間や、司法書士に支払う報酬、登録免許税という実費が必要になります。債権を保全する側の債権者の立場からいっても、それなりに面倒な作業が必要になるので、日々多く発生する少額債権の債権保全手法としては活用しにくいところがあります。

(2) 費用がかからない

　連帯保証は、費用がほとんどかかりません。連帯保証契約書を作成して、それに署名押印をもらえばいいからです。これに対して、抵当権であれば少額債権の場合でも、司法書士の報酬と登録免許税で10万円〜ほどの費用がかかることが一般的です。

(3) 払ってもらえることが多い

　高額の債権であれば、連帯保証人を取っていても、現実的に支払いを行ってもらうことができず、連帯保証人も破産してしまうということがよくあります。しかし、少額債権の場合には、保証人としても「これぐらいなら支払っておこうかな」という心理が働きます。読者の皆さんもご自身が連帯保証人として１億円請求された場合には、返済を諦めてしまうかもしれませんが、20万円なら払っておこうかという気になりませんか。実際に多くの方がこういった判断をされるようで、意外なほど支払いを受けられるという印象です。一般的には連帯保証人は取得しても意味がないといわれがちですが、少額債権の場合にはそれはあてはまらないと考えています。これも大きな特徴の１つといえるでしょう。

❷　連帯保証を取得するタイミング

　連帯保証を取得するのに効果的なタイミングは、契約締結時です。このタイミングを逃すと、連帯保証を取得しにくくなります。可能であれば契約条件の１つとして入れ込んでおいたほうがよいでしょう。いざ、信用不安が起きたような場合には、債務者としても警戒するため取得するのは至難のわざです。マンガやドラマみたいに債務者の手を握って無理やり連帯保証契約に書かせることはできませんし、そもそも何度も債務者のところに通うように、少額債権の保全でそこまでの労力はかけていられません。契約締結時であれば、保証人側としてもまさか債務者が支払いに窮することになるとは考えていない人も多いですから、取得が比較的容易といえます。

❸ 誰を連帯保証人として獲得すべきか

次の連帯保証人として誰を取得すべきかという点についてですが、次のような人が考えられます。

(1) 代表者

代表者個人は必ず連帯保証人として取得したほうがいいといえます。相手方が株式会社として営業をしている場合、仮に株式会社が支払いを遅滞しても代表者だからといって、連帯保証人でもないのに、代表者個人に対して払いを求めるということはできません（図表3-8）。これは株式会社と代表者が別人格であるとされているためです。読者の方のご家族がお金を借りた場合に、その家族の方が返済できないからといって、読者の方に支払いを債権者が請求することはできませんよね。それと同じです。

悪質な会社の代表者は、これをいいことに会社だけ借金漬けにして、代表者個人としては逃げ回っているということも多々あります。逃げた代表者としては、個人で営業を開始するか、別に会社を設立して営業を行えばいいだけです。こうしたモラルハザードを防ぐという意味でも、代表者個人は連帯保証人として取得しておいたほうがいいといえます。

(2) 役員、近親者

相手方企業の代表者以外の役員や近親者は連帯保証人として獲得しやすい人物です。相手方企業の状態が悪くなればこれらの人々の資産状態も悪くなるわけですが、少額債権であれば支払いを受けられる可能性も十分あります。

筆者の経験では、対個人に対する債権回収の場合において若年者が債務者である場合には、その両親の連帯保証も取得するようにしています。相手方の属性を読み取って、求める連帯保証人を決定することも必要でしょう。

Ⅲ 少額債権の保全では連帯保証の活用を●

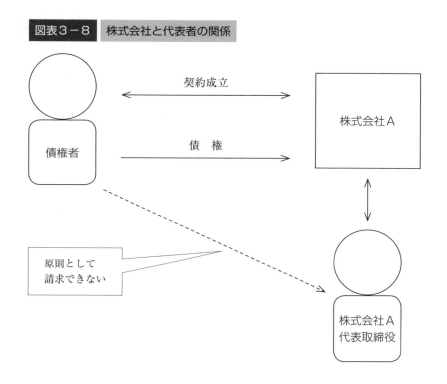

図表3-8 株式会社と代表者の関係

❹ 効果的に連帯保証人を取得するポイント

　効果的に連帯保証人を取得するポイントですが、取引開始時に取得するほか、契約書（次頁記載例3-3）と同様に現場レベルで使用しやすいフォーマットを準備しておくことでしょう。フォーマットはできるだけシンプルにしておくべきです。複雑すぎると説明に手間取ったりして、せっかくのタイミングを逃すことにつながります。

●第3章　少額債権の管理・保全

記載例3－3　連帯保証契約書

　債権者　株式会社山田産業　御中

　　　　　　　　　　連帯保証契約書

　私、○○○○は、下記内容の債務について、連帯保証いたします。

 1．主債務者
　　住所　東京都新宿区西新宿○丁目○番○号
　　氏名　甲野太郎
 2．主債務の種別
　　平成○○年○○月○○日付、株式会社ABC商事と甲野太郎間の売買契約に基づく売買代金支払債務
 3．主債務の金額
　　金○○万円
 4．利息、遅延損害金の定め：なし
　　平成○○年○○月○○日

　住　　所　東京都新宿区西新宿○丁目○番○号
　氏　　名　甲野　次郎　　印

少額債権における債権回収

第4章

I 少額債権における債権回収

❶ ポイント

　少額債権における債権回収のポイントは、ローコストで行うことと、どこまで回収行動を起こすのかを決めておくことです。少額債権は、その金額の少なさから、回収の選択肢を間違えるとあっという間に回収活動に要した実費が回収金額を上回るいわゆる「持出し」状態に陥ってしまいます。どこまでの回収活動を行うのかを決めていないと、回収できる可能性もないのにズルズルと底なし沼にはまってしまうこともあります。

　これらを防ぐためには、まずどのような手続が世の中に存在するのかを知ったうえで、債権の価格に応じた対応策の指針の作成をしておく必要があります。

❷ 対応策の指針の作成

　債権の価格に応じた対応策の指針は、図表４－１のようなイメージで作成します。

　金額が高くなれば、債権執行手続などある程度踏み込んだ手続を行うことを視野に入れなければなりません。一方で、いつまでもズルズルと未回収債権に関わればコストが重なるだけなので、この指針はどこまでやったら回収を諦めるのかという基準ともいえます。少額債権の回収では、「債権は回収できないこともある」という事実を認識したうえで、１つの未回収に固執することなく効率よく行っていくことがポイントなのです。

図表4－1　債権の価格に応じた対応策

価　格	対応策
100円～10万円	①　督促状の送付 ②　電話交渉
10万円～30万円	①　督促状の送付 ②　内容証明郵便の送付 ③　電話交渉
30万円～60万円	①　内容証明郵便の送付 ②　電話交渉 ③　訴訟手続（弁護士、司法書士委任）
60万円～100万円	①　内容証明郵便の送付 ②　電話交渉 ③　訴訟手続（弁護士、司法書士委任） ④　債権執行手続

Ⅱ　任意交渉による回収

　任意交渉による回収とは、督促状を送付したり、電話交渉をしたりして、裁判所の力を借りずに回収を行うことです。裁判をすればそれなりに時間やコストもかかりますが、任意交渉であればせいぜい電話代や切手代がかかるくらいです。少額債権の回収では、この部分に徹底的にこだわることがポイントです。

　任意交渉の回収方法は、担当者任せにせず、企業としてのルールを策定しておくとよいでしょう。回収のノウハウは担当者個人に集積されがちになりますが、ガイドラインにより企業全体で共有することで、回収効率を高めることができるようになります。

●第4章　少額債権における債権回収

❶ 督促状の内容

　債権回収を行ううえでは、まずは督促状を送ります。督促状を初めて作る場合には、どのように書いていいのかわからないと思います。「こんなこと書いていいのかな」、「これで伝わるのかな」など、1枚作成するのに何時間もかかってしまうということもあるかもしれません。筆者も初めて作成したときはそうでした。何度か作成していくうちに慣れてくるものですから、以下のポイントを押さえて積極的に作成してみましょう。

(1) 督促状に記載すべき事項

　「督促状」とインターネットで検索すると多くの記載例が出てきますし、書籍等でも紹介されています。いろいろ見ているとどれを参考にしていいのかわからなくなりますが、督促状に最低限記載すべき事項は、**図表4-2**のとおりです。

図表4-2　督促状に記載すべき事項

① 請求者の住所・氏名・電話番号
② 相手方の住所・氏名
③ 作成日付
④ 請求金額
⑤ 対象となっている取引
⑥ 支払期限
⑦ 振込口座
⑧ 支払期限経過の場合の制裁について

　筆者がよく相談を受けるなかで拝見するのが、個人的な感情や事実について書きすぎて、どういうことを伝えたいのかよくわからないという督促状です。督促状送付の目的は、相手にプレッシャーをかけて支払いという行動に向かわせることですから、明確に趣旨は伝えるようにしないといけません。

最低限、上記のような事項を記載すると督促状（次頁記載例４－１参照）としての趣旨は外さなくて済むと思います。

(2) シンプルな形式にする

法律について広範な知識を持ち合わせている人ほど、督促状にも多くの文言を記載しようとする傾向があります。さきほども書いたように相手方が督促状の内容や趣旨を理解できなければ、支払いを受けることもできないため、できるだけシンプルな形式にまとめるようにしましょう。社内的にもシンプルな内容のほうが、担当者の技量を問いませんので、使いやすくなります。

(3) 段階により文言を変更する

督促状は、複数回送付することにより回収可能性が高まります。複数回送付する場合には、同一の内容のものを送るのではなく、「再通知」、「最終通知書」などとタイトルを変更し、内容自体を段階的に強めていくことで、より効果を発揮します。郵送方法も普通郵便や内容証明などを組み合わせて使用するのが効果的です。

(4) 脅迫的な文言は使用しない

督促状は「期限内に支払いを行わない場合には、法的処置をとる」というように強い文言を記載するようにしますが、それが脅迫であるととられかねないような文言の使用は避けましょう。揚げ足を取られてしまいます。こちらが思っている以上に相手方は督促状の文言をよく見ています。

筆者の経験でも少し強めに督促状の文言を書いた案件で、相手方が猛烈に相手が反発してきたことがありました。案件の内容的にはこちら側にまったく落ち度はないので、相手方のいっていることはいいがかりに近いものですが、そういったやり取りをするのも時間の無駄です。督促状の文言を強く書いても一般的な内容で書いても経験上、効果はあまり変わらないという印象を持っています。

●第4章　少額債権における債権回収

(5)　文字の大きさ

　特に個人消費者を相手に取引をしている会社については、相手方に高齢者が増えているということも意識しておく必要があります。細かい文字であったりすると、相手方がそれを読めないという可能性もあります。相手方が読めないとなるとせっかく督促状を送っても放置される可能性が高いので、筆者は督促状の文字を12ポイントで記載するなどの工夫をしています。

　　記載例4－1　　督促状

督促状

大阪市中央区内本町一丁目〇番〇号　　　　　　　平成〇〇年〇〇月〇〇日
甲野太郎様　　　　　　　　　　　　　　　　　東京都新宿区〇一丁目〇番〇号
　　　　　　　　　　　　　　　　　　　　　　　　　　株式会社山田産業
　　　　　　　　　　　　　　　　　　　　　　　　　　　債権回収チーム
　　　　　　　　　　　　　　　　　　　　　TEL：〇〇－〇〇〇－〇〇〇〇

冠省　当社は、貴殿に対し下記内容にて商品を販売しましたが、当社からの度重なる請求にも関わらず、未だにその代金をお支払いいただけておりません。
　つきましては、本書面到達後1週間以内に下記口座までお支払いをお願いします。万が一、お支払いいただけない場合には、法的処置をとる場合がありますので、あらかじめご了承ください。
　本書と行き違いにお支払いがお済みの場合には、深くお詫び申し上げます。
草々

記

　　　　商品名：〇〇〇〇
　　　　未払い額：金〇〇万円
　　　　振込口座：東日本ふれあい銀行　東京支店
　　　　　　　　普通　〇〇〇〇〇
　　　　　　　　株式会社山田産業

以上

Ⅱ　任意交渉による回収

❷　郵送方法

　債権の回収について調べていると、「内容証明郵便」という言葉をよく目にすると思います。内容証明郵便とは郵送方法の1つであり、督促状＝内容証明郵便というわけではありません。まずここは誤解のないようにしておいてください。

　督促状の送付方法は内容証明郵便に限られません。特に少額債権の回収においてはさまざまな郵送方法を組み合わせて、複数回督促状を送ったほうが効果的といえます。

　筆者が少額債権回収について使用する送付方法は、普通郵便、特定記録郵便、内容証明郵便です。それぞれの特徴としては次のとおりです。

(1)　普通郵便

　高額の債権回収の場合は、普通郵便で督促状を送付することは少ないでしょうが、少額の債権の場合には有効な送付方法です。みなさんもご存じのとおり普通郵便は送付コストが安く、あらゆる価格帯の債権で使用しやすい督促状送付方法です。極端な例ではありますが、100円の債権が未収となっている場合でも、普通郵便であれば約80円で送付できますから、うまく回収できれば元が取れるわけです。もちろん回収できないこともありますが、回収できなくてもこちらの持出しは80円ほどです。

　普通郵便による送付でも、しっかりと内容を記載すれば筆者の印象では内容証明郵便で送る場合と、それほど相手に与えるプレッシャーは変わりません。もしかすると少額債権だからということもあるのかもしれませんが、ネットや書籍には内容証明郵便による送付が、普通郵便による送付よりも圧倒的に効果があるように書かれているものが多いですが、送付方法ではなく、内容次第ではないかと筆者は考えています。先にも書きましたが、普通郵便で1回あたりのコストを抑えつつ、繰り返し送るというのが効果的です。

(2) 特定記録郵便

　特定記録郵便とは、郵送物の郵便局における引受けを記録する郵便です。配達状況の確認もすることができますが、相手方の郵便ポストに配達され、一般書留郵便のように相手方の受領印の押印をもらうことをしません。そのため、相手方が実際に郵便物を受け取ったか否かの確認はできません。この特徴は特定記録郵便の弱点でもありますが、筆者はこの特徴を活かし次のようなケースで利用しています。

　内容証明郵便を含めて、一般書留郵便として送付した場合、配達時に相手方が不在の場合には、相手方に配達の事実を知らせる、いわゆる不在票が郵便ポストに投函されることになります。相手方によっては不在票に記載された差出人を見て、「まずい。無視しておけ」と意図的に受け取らず、郵便局における保管期限経過まで放置することがあります。そうするといつまでも相手方に督促状を送付することができず、一方で普通郵便にて送付した場合、配達の記録が残りません。こうしたケースで特定記録郵便によって送付を行うことにより、それまで無視を決め込んできた相手方が、リアクションしてくるということが実際にあります。特定記録郵便により送付した場合でも、コストとしては数百円程度であるため、このようなケースでは特定記録郵便を活用するといいでしょう。郵便物を無視してくる相手方は、読者の方々が思われているよりも多いと思います。特定記録郵便も少額債権の回収を行う1つのコツですので、しっかり覚えておいてください。

(3) 内容証明郵便

　内容証明郵便とは、いつ、誰から誰宛てにどのような内容の文書が差し出されたかを郵便局が証明するものです。実務上は郵便局が相手方に対する配達の事実を証明する「配達証明」とセットで利用されます。これにより督促状の内容と配達の事実が証明されるため、消滅時効に関して催告(民法153条)として時効の完成を一定期間防止する効力を持つことになります。

　高額の債権回収の場合には、後に訴訟を控えていることが多いため、訴訟

における証拠としての活用も想定し、督促状の送付は内容証明郵便によることが多いです。少額債権の場合には、金額によっては訴訟までは想定していないケースもあるため、内容証明郵便によるかはケースにより判断することになります。

　内容証明郵便が配達されたかどうかという事実は、相手方の活動状況を知るという隠れた効果があります。内容証明郵便は、一般書留として配達されるため、配達時に相手方の受取印をもらうことになります。相手方の代表者本人が受け取る必要はないため、事業所に送付した場合、従業員等が勤務していれば従業員が受取印を押し、配達は完了することになります。事業所宛てに送付したにもかかわらず、不在により配達がなされないようなケースは、相手方の活動が、ほぼなされていないと考えられます。そのような相手方は訴訟まで行っても回収できないことも想定されます。どこまでの回収行為を行うかの検討材料となりますね。

　内容証明郵便は、字数や行数に制限があります。効率的に処理するためにもあらかじめパソコン等に字数や行数を内容証明郵便に適応するように設定したフォーマットを用意しておくとよいでしょう（記載例4-2参照）。

記載例4-2　内容証明郵便

通　知　書

冠省　当社は、貴殿に対して、平成○○年○○月○○日当社商品「○○○」（以下、「本商品」といいます。）を販売しました。
　しかし、貴殿は当社からの再三の請求に関わらず、本商品の代金金○○円を支払っておられません。
　つきましては金額をご確認の上、本書到達後7日以内に下記金額を下記に記載した当社名義の銀行口座にお振込みください。
　万一、お支払いをいただけない場合には、法的処置を取る場合がございますので、ご了承下さい。
　本書と行き違いにお支払いがお済みの場合には深くお詫び申し上げます。
草々

●第4章　少額債権における債権回収

```
                              記

    請求金額　500,000円
    東京市民銀行　○○支店
    普通　○○○○
    株式会社　山田産業
                                              以上


    平成○○年○○年○○日
    差出人
    東京都新宿区○○一丁目1番1号
    株式会社　山田産業
    担当　山田太郎
    電話　03－○○○－○○○

    大阪市中央区本町一丁目1番○号
    株式会社　佐藤産業
    代表取締役　佐藤太郎殿
```

❸　封筒にも工夫する

　封筒については、社内の定型のものを使用するのではなく、督促状送付用のものを使用しましょう。具体的には、工夫をするポイントとしては次のとおりです。

(1)　窓あき封筒

　住所・氏名欄が封筒の外からでも見える窓あき封筒（**図表4－3**）が便利です。個人情報保護が強くいわれる昨今では、誤って他人に督促状を送付してしまう事態は避けたいものです。相手方に付け入る隙を与える可能性もあります。特に病院や通信販売会社の場合には、大量に滞納者が発生するので注意が必要でしょう。窓あき封筒であれば、最低限住所氏名が正確であるか、督促状を封入したあとでももう一度確認できます。これが結構な時間の削減につながります。単価も窓あきでない封筒より少し高いくらいです。

Ⅱ　任意交渉による回収●

図表4－3　封筒イメージ

長3封筒（窓あき）

```
┌─────────────────────────────────────────┐
│  ┌─────────────────────┐                │
│  │  東京都○○           │                │
│  │  山田太郎　様        │                │
│  └─────────────────────┘                │
│                                         │
│              東京都新宿区○○一丁目○番○号 │
│                        株式会社山田産業  │
│                              担当（　　）│
│                    TEL：03－○○○－○○○│
│                                         │
└─────────────────────────────────────────┘
```

(2)　大きさ

　封筒の大きさも回収率を左右します。特に一般消費者を相手にしているビジネスの場合には、単に請求書が他に紛れて支払いを忘れていたという相手方も大勢います。大きさを一般的な長3封筒だけではなく、Ａ4用紙が入る角形2号の大きさの封筒を使用するなどすることで視認性を高めることができます。

(3)　色

　封筒の色を一般的な茶封筒だけではなく、赤色、黄色など封筒を目立つ色にすることも効果的です。これも大きさを変えることと同様に視認性を高めることにつながります。

❹　常に改善と工夫を行う

　おそらく多くの企業においては、督促状1つについてこのように細かく検討を行うことは少ないでしょう。どのように督促状を送付するのが効果的かは、取り扱う商品や相手方の属性により若干異なってきます。ある程度の蓄

積ができるまでは、さまざまな方法を検証し、改善していくことが大切です。

Ⅲ 交 渉

❶ 交渉のポイント

督促状の送付に前後して、電話または面談して交渉を行うことになります。交渉というと少し難しく考えてしまいますが、以下で紹介するようなポイントを押さえて交渉に臨むといいでしょう。

(1) 素早く連絡する

交渉は未入金が明らかになった場合には、遅くとも3日以内には相手方に連絡を入れて行うようにしましょう。相手方はこちら以外にも、いくつもの先から督促を受けている可能性があります。この連絡が遅くなると、相手方のこちらに対する支払いの優先順位（**図表4-4**参照）が著しく低下していくため、最も大切なポイントとなります。

図表4-4　支払いの優先順位

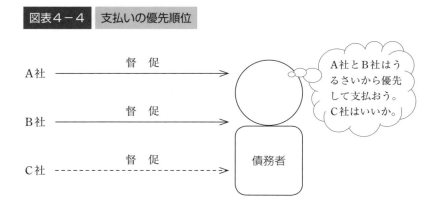

Ⅲ 交　渉

(2) 一括弁済にこだわらない

　代金を滞納した相手方に対して、一括弁済してもらいたいと考えるのは当然です。しかし、これにこだわりすぎて交渉自体がまとまらず、遅々として一部の弁済すら行われないという事態は避けるべきでしょう。筆者に相談に来られた方でも、一括弁済について強くこだわったために、時間ばかりがかかって、結局回収できていないという方がいらっしゃいます。そもそも未払いが発生した時点で、その債権は不良債権なのです。簡単に回収できるとは思わないほうがいいでしょう。どうやって少しでも回収するのかという視点で考えたほうが無難といえます。少額債権の場合は、分割支払いにした場合でも、ゴールが見えやすいため、相手方が途中で支払いを断念せず、完済することが多いものです。社内で一定の分割回数や金額の基準を定めて、分割支払いにも応じやすくするとよいでしょう。

(3) 滞納の理由をヒアリングする

　相手方との交渉のうえでは、滞納の理由もヒアリングするようにします。滞納の理由が商品やこちら側の対応に不満があるためなのか、それとも契約関係に疑義があるためなのか、資金不足なのかでとりうる対応は異なってきます。商品への不満や契約関係の疑義であれば、裁判にかけ解決を図るほうが早い場合もありますし、資金不足であれば支払い条件の交渉に注力することになります。

　滞納理由のヒアリングは、債権の回収という以外にも、企業活動にとって有益な効果があります。たとえば、滞納の理由に商品に対する不満が挙げられる場合には、商品やサービスの改善につなげることができます。また、支払い忘れなどが多い場合には、こちら側の請求が、相手側に伝わりにくいという問題がある可能性があります。そうした場合には、請求方法を変えるなどの改善が図れます。

(4) 期限を設定する

　交渉には期限を必ず設定するようにします。相手方としては「払えるときになったら払う」というように言い残し、交渉を打ち切ろうとすることも多いものです。このように相手のペースに乗っていては、交渉が長引く要因となるため、社内で期限を設定し、期限が経過したものについては裁判をするなどの対応を決定しおくとよいでしょう。

(5) 記録を残す

　交渉には必ず記録を残すようにします（記載例4－3）。人事異動で担当者が変わった場合でも、円滑に引継が行えるようにするためです。相手方は担当が変わったタイミングで、「前の担当者はこのように言っていた」など付け入ろうとしてきますが、そのような対応を防止できます。記録の方法としては、日付、交渉した担当者、交渉した相手方、交渉した内容が記載された次のような書式を用意してファイルに閉じておくとよいでしょう。

　また交渉の履歴を録音することも有効です。録音の効果としては、証拠を保全できるということもありますが、交渉をするに際してこちら側としても精神的に安定するという効果もあります。専用の録音システムを導入してもいいですが、携帯用のICレコーダーでも十分対応できるはずです。

(6) 和解書を作成する

　交渉がまとまったら、和解書（98頁記載例4－4）や支払いに関する誓約書（99頁記載例4－5）を作成するようにします。それらの書面があれば後日再び支払遅滞が発生するなどして裁判となっても、明らかな証拠があるため解決時間が短くできます。内容としては、当事者、支払金額、支払方法、振込口座、遅延損害金、裁判管轄等が記載されていればよいでしょう。

　少額債権の場合、これらの書面を作成するうえでは、必ずしも公正証書にする必要はありません。作成に手間がかかりますし、相手方の協力が得られることも少ないからです。

Ⅲ 交渉

記載例4-3　交渉履歴

債務者　佐藤太郎

	平成〇〇年 12月2日	内容証明郵送
	平成〇〇年 12月4日	内容証明郵便が平成〇〇年12月3日送達されたとのこと。
	平成〇〇年 12月7日	債務者本人より電話あり。 商品に不満があり払いたくないという趣旨
〇	平成〇〇年 12月21日	訴状提出
	平成〇〇年 1月25日	初回期日が、平成〇〇年3月5日に決定
	平成〇〇年 3月5日	裁判後に50万なら払うとのこと。
〇		

● 第4章　少額債権における債権回収

記載例4－4　**和解書**

　　　　　　　　　　　和　解　書

　株式会社山田産業（以下「甲」という）と、株式会社佐藤産業（以下「乙」という）との間で、平成○○年○○月○○日、協議により以下のとおり和解した。

第1条　　乙は、甲に対して、衣料品等の商品代金として金○○万円の支払債務があることを認める。

第2条　　乙は甲に対し、第1条に定める金○○万円を下記のとおり甲指定口座へ振込送金にて弁済期日までに遅滞なく弁済するものとする。なお、支払いに要する費用は乙の負担とする。

弁済期日及び期間　　　平成○○年○○月末日より平成○○年○○月末日まで毎月末日限り計○○回に分割して弁済する。
　　　　　　　　　　　但し、弁済期日が休日又は祝日にあたる場合は翌営業日を期日とする。

弁済内容　　初回から○回目　○万円
　　　　　　最終回　○○円

振込口座　　東京市民銀行　○○支店
　　　　　　普通　○○○○
　　　　　　山田産業株式会社

第3条　　乙が第2条の弁済を2回分以上怠ったとき、または最終回の弁済を怠ったときは、当然に期限の利益を喪失し、そのときにおける残元本に対し、期限の利益を喪失した日の翌日から完済に至るまで年○％の遅延損害金を付して一時に弁済するものとする。

第4条　　甲及び乙は、本件に関して、本和解書に定めるほか何ら債権債務がないことを相互に確認する。

　本和解の証として本書2通を作成し、甲乙双方が各1通を保管するものとする。

　　　　（甲）　東京都新宿○○一丁目1番1号
　　　　　　　　株式会社山田産業
　　　　　　　　代表取締役　山田太郎　　　印

　　　　（乙）　大阪市中央区本町一丁目○番○号
　　　　　　　　株式会社佐藤産業
　　　　　　　　代表取締役　佐藤太郎　　　印

Ⅲ 交渉

記載例4-5 支払誓約書

株式会社ABC商事　御中

支払誓約書

　私は、貴社に対して負担している○○に関する下記債務を次のとおり分割にてお支払いたします。

記

1．債務額：金○○万円
2．支払方法：分割
　　　　　　平成○○年○月末日から平成○○年○○月末日まで、毎月金○万円を振込にてお支払いたします。
　　　　　　振込手数料は、私の負担とします。
3．振込口座：東京ふれあい銀行　東京支店
　　　　　　普通　○○○○
　　　　　　株式会社ABC商事

以上

平成○○年○○月○○日
住　　所　東京都新宿区○○一丁目1番1号

氏　　名　佐藤太郎　　　　　　　　　　　　　印

　また、特に相手方が個人消費者であったり、個人事業主である場合には支払管理がしっかりしていないことも考えられます。そのようなことも考慮して、こちら側で次頁のような支払予定表（**記載例4-6**）を作成してあげるのもよいでしょう。「支払いを行わない相手方に対して、そこまでするのか？」と感じられる方もいらっしゃいますが、相手方の支払いに対するハードルを低くするのも債権回収の大切なポイントです。

●第4章　少額債権における債権回収

記載例4-6　支払予定表

返済予定表		○○様	入金チェック	
回数	支払期日			毎月支払合計
1	平成25年11月30日	¥30,000		¥30,000
2	平成25年12月31日	¥30,000		¥30,000
3	平成26年1月31日	¥30,000		¥30,000
4	平成26年2月28日	¥30,000		¥30,000
5	平成26年3月31日	¥30,000		¥30,000
6	平成26年4月30日	¥30,000		¥30,000
7	平成26年5月31日	¥30,000		¥30,000
8	平成26年6月30日	¥30,000		¥30,000
9	平成26年7月31日	¥30,000		¥30,000
10	平成26年8月31日	¥30,000		¥30,000
11	平成26年9月30日	¥30,000		¥30,000
12	平成26年10月31日	¥30,000		¥30,000
13	平成26年11月30日	¥30,000		¥30,000
14	平成26年12月31日	¥30,000		¥30,000
15	平成27年1月31日	¥30,000		¥30,000
16	平成27年2月28日	¥30,000		¥30,000
17	平成27年3月31日	¥30,000		¥30,000
18	平成27年4月30日	¥30,000		¥30,000
19	平成27年5月31日	¥30,000		¥30,000
20	平成27年6月30日	¥30,000		¥30,000
21	平成27年7月31日	¥30,000		¥30,000
22	平成27年8月31日	¥30,000		¥30,000
23	平成27年9月30日	¥30,000		¥30,000
	合計額	¥690,000	¥0	¥690,000
	割合	100%	0%	100%

(7) 交渉の場所をどうするか

　筆者の場合ですが、少額債権の回収に関する交渉は、ほとんどの場合電話で行います。そのほうが効率的ですし、いちいち面談する時間を作って交渉していてはコストばかりがかかるからです。それでも面と向かって交渉する必要はどうしても出てきます。その際に注意するポイントは次のとおりです。

① こちらのフィールドで交渉する

　面談で交渉する場合は、相手にもよりますが、こちら側のオフィスにきてもらうなど、できるだけこちら側のフィールドで交渉するようにします。そうする理由としては、まず相手方の自宅や職場などで交渉することが危険であるからです。万が一、相手方が反社会的勢力である場合などには、無用の危険を冒すことになります。少額債権の場合、そのような危険を払ってまで、相手方のフィールドで交渉する必要があるのでしょうか。そのほか、相手方のフィールドで交渉をすると、どうしても心理的にこちらが不利になります。交渉はきれいごとだけではありません。厳しいこともいわなければなりませんし、そういったことがいいやすい環境である、こちら側のフィールドを選択するべきでしょう。

　筆者の経験でも相手方の事業所まで行って交渉をしたことがありますが、尾行されたりと非常にやりにくかった記憶があります。

② 裁判所で会う

　相手方がこちらのフィールドに来ないことも多々ありますから、なかなか先に紹介したとおりには進まないこともあります。その場合には、筆者はすぐに裁判にかけてしまって、裁判所で会えばいいと考えています。裁判についてはのちほど詳しく説明しますが、裁判上で話合いを行うということも可能なのです。このほうが相手方としても緊張感を持って対応してくれるため非常に効果的です。

(8) 交渉に慣れるためにはどうしたらいいのか

　最初のうち交渉を行うことは少しストレスのかかることかもしれません。

● 第4章　少額債権における債権回収

しかし、債権の未収は企業の倒産にもつながる重大な問題ですから、これを避けて通ることはできません。もし読者の方が債権回収を担当することになったら、「嫌だな」と後ろ向きに捉えるのではなく、「自分がこの会社を支えているんだ」という気概をもって取り組んでいただければと思います。その思いは間違っていないと思います。

筆者も最初のうち交渉ごとはストレスがかかりましたが、業務を行っていくうちに次のような点に気付き、慣れてきたように思います。

① お金を請求することに抵抗を感じる必要があるのか

頼んだ仕事や購入した商品について対価を支払うことは、法律で定めるまでもなく社会のルールですから、これを主張することは正当であり、当然といえるでしょう。しかし、なぜ多くの方が支払いを請求することに抵抗を感じるのでしょうか。おそらく「いい人でいたい」という、ビジネスをしていくうえでは甘いといえる感情があることがまず1つです。この認識を改めなければ、一人前のビジネスマンとはとてもいえません。先にも書きましたがビジネスは販売して、入金があって初めて完結するのです。これができないということは仕事が完結する能力がないといえます。この点はまず認識してください。

次にお金に対するコンプレックスがあるのだと思います。友人の心理カウンセラーの方からの受売りですが、日本人はお金に対してコンプレックスを持っている人が多いそうです。お金というものを特別視して、それを請求したりすることに抵抗を感じてしまうようです。もし読者の方がこれを読んで思いあたる節があるのであれば、自分のお金に対する認識は誤っていないか、考えてみるとよいでしょう。

② 相手方の反発を恐れない

交渉していくなかでは、まれにですが相手方が理不尽にも反発してくることもあります。この反発についての恐怖心が、交渉を苦手にしている面もあるかと思います。これらの反発に対して、臆劫になる気持ちもわからないでもないのですが、冷静に相手方の反発を分析してみると、相手方の反発はあ

なた自身に向かっているわけではなく、あなたの会社やその対応について反発していることがわかります。それがわかるだけでも気持ちが楽になりませんか。

また電話越しで相手がいくら怒鳴っても、電話口から飛び出してきて、あなたを殴ったりできるわけではありません。過度に恐れる必要はないでしょう。いろいろと反発ばかりしてきて、話が進まない場合には、さっさと交渉を打ち切って裁判にしてしまってもいいのです。交渉にはゴールがあるわけですから、気を楽にして取り組みましょう。

③ 心の準備をする

交渉を行ううえでは、しっかり心の準備をして臨むようにします。想定される展開をいろいろと考えたうえで、「よし。やるぞ！」と心の準備をして交渉に臨めば、相手方がどのような対応に出てきても、乗り切ることができるはずです。

④ 場数を踏む

交渉も場数を踏むことが技術向上への一番の近道です。中途半端に取り組んでいるといつまで経っても向上しません。積極的に取り組んでいくようにしましょう。そうすれば周囲の評価も上がりますし、何よりあなたが楽になっていくはずです。

Ⅳ 裁判所を利用した債権回収

❶ 裁判所を利用する

任意交渉により回収ができない場合には、裁判所の力を借りて回収を図ることになります。

具体的には、裁判をしたり、支払督促をしたり調停をしたりして、相手

●第4章　少額債権における債権回収

方にプレッシャーをかけつつ、強制執行に必要な「債務名義（民事執行法22条）」という書類を獲得するために裁判所の力を借りるわけです。

(1) 裁判手続は高いか

　裁判というと「ものすごく費用がかかるのでは」というイメージをお持ちの方も多いと思います。しかし、実は裁判実費自体はそれほどお金がかかりません。裁判を起こす場合、必要な実費は申立手数料（収入印紙で納付）と郵便切手代（おおむね5,000円ほど）です。申立手数料は法律に定められており、裁判所のホームページ[1]にも掲載されています。それによれば仮に100万円の債権を請求する裁判を提訴する場合には、収入印紙1万円と郵便切手代約5,000円が必要となります。合計約15,000円ほどです。いかがでしょうか。読者の皆さんが考えられていたよりは、安いのではないでしょうか。よほどのことがない限りこれ以外の費用は裁判が終結するまで発生しません。発生したとしても交通費くらいです。それであれば積極的に活用したほうがいいとは思いませんか。

　では、なぜ「裁判は高い」というイメージが世の中に浸透しているのでしょうか。それは専門家報酬が高く発生するからです。裁判を起こす場合に、費用として高く発生するのは、弁護士や司法書士に依頼する報酬です。弁護士や司法書士としても、仕事として依頼を受ける以上、それなりに報酬をいただかないと生活ができませんから、やむをえないのかもしれません。少額債権の回収を考えるうえでは、専門家に50万とか100万もの報酬を支払うことはできませんから、専門家に頼らず、どうやって裁判所を利用していくのか、専門家とはどのように付き合っていけばいいのかを考えなければなりません。このあたりはのちほど詳しく解説することとします。

---

(1) http://www.courts.go.jp/saiban/tesuuryou/

(2) 少額債権の回収でよく使う手続

　裁判所を利用して債権回収を行う場合、裁判以外にも調停など多くの手続を選択できますが、筆者がよく利用するのは、支払督促、通常訴訟、少額訴訟です。裁判所で行うことができる手続をすべてマスターするのは大変ですが、これらの手続に限定してマスターするのはそれほど難しいことではありません。

❷　簡易裁判所の特色

　裁判所には、最高裁判所、高等裁判所、地方裁判所などがありますが、少額債権の回収で最も多く利用するのが、簡易裁判所です。簡易迅速に日常的に発生する紛争を解決するための裁判所であり、他の裁判所にはない次のような特色があります。

(1) 許可代理人制度

　本人に代わって訴訟の代理人になることは、法律により弁護士・司法書士に限定されています（民事訴訟法54条1項）。許可代理人制度とは、簡易裁判所における訴訟代理を簡易裁判所の許可を条件として弁護士、司法書士以外の者に認める制度です。

　会社が訴訟を行う場合、原則は会社の代表者自身が出廷するか、それができない場合には弁護士等に依頼する必要がありますが、この制度を利用して会社の社員が自社の訴訟の代理人として裁判所に出廷し、訴訟活動を行うことが広く行われています。弁護士等に依頼することなく訴訟活動を進めることができるため、コストを抑えることができます。

　許可代理人の申請は、**記載例4－7**（次頁）のような書面で行います。

●第4章　少額債権における債権回収

|記載例4－7|　委任状兼訴訟代理人許可申請書

平成○○年（ハ）第○○○○号

　　　　　　　　　委任状兼訴訟代理人許可申請書

東京簡易裁判所　御中

　私は、下記の代理人に、本件訴訟事件についての次の権限を委任しましたので、私の訴訟代理人とすることを許可して下さい。

1　民事訴訟法第55条2項各号の事項を含む本件に関する一切の権限
【申請の理由】
本件を熟知している。
【代理人の表示】
氏　　名　山田次郎
住　　所（就業場所）東京都新宿区○○一丁目1番1号　株式会社山田産業
　　　　　　　　　　経理部
　　　　　　　　　　TEL：○○－○○○－○○○○
　　　　　　　　　　FAX：○○－○○○－○○○○

【申請人との関係】　従業員　　【添付書類】社員証明書
平成○年○月○日
申請人（住　　所）東京都新宿区○○一丁目1番1号
　　　　　　　　　株式会社山田産業
申請人（委任者）代表者代表取締役　　山田太郎　　　　　　　　印

---

(2)　**司法委員制度**

　司法委員は、裁判所により選任された、裁判官の訴訟進行を補助する事務を行う者です（民事訴訟法279条）。この人たちが中立的な立場で当事者の間に入り、和解の補助をしてくれることもあります。少額債権の回収の場合、相手方が弁護士等の代理人を選任せず、本人が出頭することが多いものです。こうなった場合によく問題になるのが、明らかに自らの主張に法的裏付けがないにもかかわらず一方的な主張を行う者が存在することです。当事

者同士では和解がまとまりにくい場合があり、その場合に司法委員が間に入り、第三者的な立ち位置で相手方の置かれた状況を説明することで、和解がまとまることも多いのです。任意交渉の段階で相手方がこちらに対して反発している場合でも、司法委員の存在により和解を行うことができる場合もあります（図表４−５）。

図表４−５　司法委員制度のイメージ

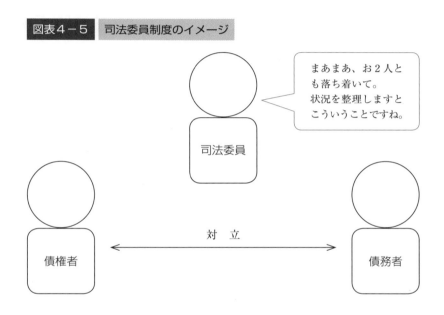

V　支払督促

❶　支払督促の意義

支払督促とは、金銭その他の代替物または有価証券の一定数量の給付を目

的とする請求について債権者の申立てにより、裁判所書記官が督促状を発付する督促手続です（**図表４－６**）。支払督促は最終的に「仮執行宣言付支払督促」という債務名義となり（民事執行法22条４号）、それに基づく強制執行が可能となります。

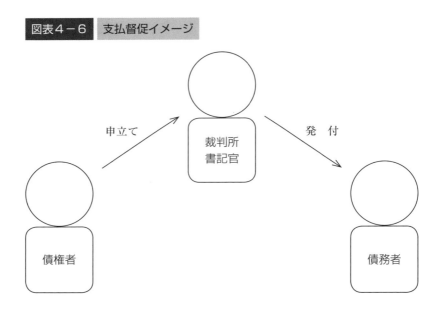

図表４－６　支払督促イメージ

❷　支払督促の特徴

(1)　書面審査

　申立書を受理した裁判所書記官は、提出した書類の形式に不備がなければ証拠等により審理をすることなく、支払督促を発付します。証拠等の収集や裁判所に提出するための整理などには、それなりの時間と手間を要しますから債権者側の負担は訴訟と比較すると軽いといえます。

　証拠の提出もなく支払督促の申立てが認められることに、違和感を感じられる方もいらっしゃるかと思います。その点については債務者は支払督促に

対して異議を述べることができることとされており、これにより支払督促への執行力付与の正当化根拠としています。

(2) 申立先

支払督促の申立ては、金額の多寡にかかわらず債務者の住所地または主たる営業所等の所在地を管轄する、簡易裁判所の裁判所書記官に対して行います（民事訴訟法383条1項）。この申立先は専属的なものであり、訴訟のように契約書等により合意管轄を定めることはできません。特例として、①債権が支店や営業所の業務により生じたものである場合には、その支店や営業所を管轄する簡易裁判所の裁判所書記官、②手形や小切手による金銭の支払いの場合は、支払地の簡易裁判所の裁判所書記官に申立てをすることができるとされています（同条2項）。この管轄の問題は支払督促の欠点として紹介されていますが、自社の状況や裁判所の制度を理解することで克服することができます。

❸ 支払督促申立ての要件

支払督促申立ての要件は次のとおりとされています。

(1) 金銭その他の代替物または有価証券の一定数量の給付を目的とする請求であること（民事訴訟法382条）

要するにお金等の請求に限られるということです。

支払督促が証拠等の審理を経ずに発付されることから、架空請求詐欺のように万が一根拠のない請求により発付された支払督促により強制執行がなされた場合でも、損害の回復が容易にできるようにとの配慮からこの制限が設けられています。

金銭債権等であれば、発生原因が売買契約なのか、金銭消費貸借なのか、などは問いません。

(2) 債務者に対し、日本国内で公示送達によらずに送達できる場合であること（民事訴訟法382条ただし書）

　支払督促は、証拠調べなどの実体的審理をしない一方で、債務者からの異議がないことをもって執行力付与の正当化根拠としています。そのため異議申立ての機会を保証するために、債務者への支払督促の送達は、実際に債務者が支払督促が自らに発付された事実を知ることができる送達方法が望ましいといえます。公示送達とは、債務者が行方不明の場合に最終手段として行われる送達方法です。具体的には、裁判所の掲示板に掲示することにより送達がなされたこととします。実際に債務者が裁判所に来て、その掲示を見ているかどうかは関係がありません。債務者がたまたま裁判所にきてその掲示を見るということは、まずありえないので、異議の機会を保証する意味で、支払督促では公示送達は認められていないのです。

❹　支払督促の流れ

　支払督促の流れは、**図表４−７**のとおりです。相手方が支払督促を受け取るか否かなどにもよりますが、順調にいけば１か月と少しで仮執行宣言付支払督促を獲得することができます。

　支払督促では、期日管理をしっかり行ってください。裁判所書記官が債務者の転居先が不明等の理由で支払督促が送達できなかったことを債権者に通知し、債権者がその通知を受けた日から２か月の期間内に新たに送達すべき場所の申出をしないときは、支払督促の申立ては取り下げたものとみなされます（民事訴訟法388条３項）。また債権者が、仮執行宣言の申立てができるようになったとき（支払督促の債務者への送達から２週間を経過した時点）から、30日以内にその申立てをしないときは支払督促はその効力を失うことになります（同法392条）。裁判所から事前に「失効しますよ」などと連絡がない場合もあります。せっかく申立てをしたのに、もったいないことになってしまいます。

Ⅴ 支払督促

図表4-7　支払督促の流れ

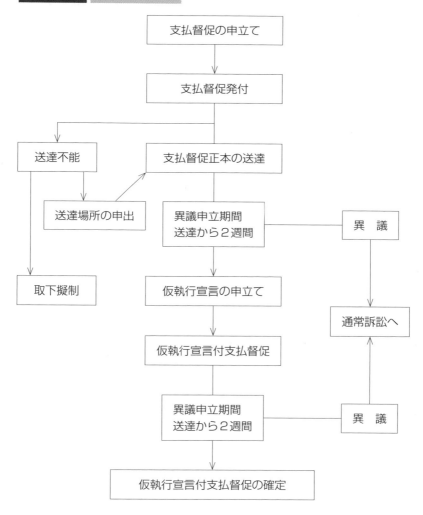

●第4章　少額債権における債権回収

> 図表4-8　申立てに必要な書類
>
> ①　支払督促申立書
> ②　当事者目録
> ③　請求の趣旨及び原因
> ④　申立手数料（収入印紙）
> ⑤　支払督促正本送達費用
> ⑥　官製はがき
> ⑦　委任状（弁護士等に依頼する場合）
> 【その他の書類】
> ・資格証明書
> 　当事者が法人の場合
> ・戸籍謄（抄）本
> 　当事者が未成年者のときに法定代理権を証明するため
> ・登記事項証明書、審判書謄本等
> 　当事者が成年被後見人のときに法定代理権を証明するため

(1) 申立て

　申立てに必要な書類等は、**図表4-8**のとおりです。詳細については裁判所により若干異なるため、これらを基本としつつ裁判所に確認するとよいでしょう。

　申立てを受け付けた裁判所書記官は、申立書をチェックし、問題がなければ債務者を審尋することなく支払督促を発付します（民事訴訟法386条1項）。

　上記のうち①②③は、こちら側で作成しなければならない書類です。**記載例4-8**に申立書の記載例を掲げておきますので、参考にしてください。同じ商品に関して支払督促を申し立てる場合には、記載する内容はほぼ同じですから、フォーマット化しやすいといえます。なお、「請求の趣旨及び原因」については、誰でも使用しやすいようにシンプルなものにしておくのがポイントです。

記載例4-8　支払督促申立書

支払督促申立書

売買代金請求事件
当事者の表示　　　　　別紙当事者目録記載のとおり
請求の趣旨及び原因　　別紙請求の趣旨及び原因記載のとおり
　「債務者は,債権者に対し，請求の趣旨記載の金額を支払え」との支払督促を求める。
申立手続費用　　　　金　○○○○　円
内　訳
　　申立手数料（印紙）　　　　　　　　金　○○○○　円
　　支払督促正本送達費用（郵便切手）　金　○○○○　円
　　支払督促発付通知費用　　　　　　　金　　○○　円
　　申立書作成及び提出費用　　　　　　金　　○○○　円
　　資格証明手数料　　　　　　　　　　金　　○○○　円
平成○○年○○月○○日
住　　　所：東京都新宿区○○一丁目1番○号
債権者氏名　株式会社山田産業
　　　　　代表者　代表取締役山田太郎
電　　話：03-○○○-○○○
ＦＡＸ：03-○○○-○○○
東京簡易裁判所　裁判所書記官　殿
価格　　　　　金○○○○円
貼用印紙　　　金○○○○円
郵便切手　　　金○○○○円
葉書　　　　　　　　　　　1　枚
添付書類　　　■資格証明書　2通

受付印		
貼用印紙		円
郵便切手		円
葉書		枚

● 第4章　少額債権における債権回収

当事者目録

債　権　者
　　　　　〒○○○-○○○○
住　　所：東京都新宿区○○一丁目1番1号
債権者氏名　株式会社山田産業
　　　　　代表者　代表取締役山田太郎
電　話：03-○○○-○○○
ＦＡＸ：03-○○○-○○○

債　務　者
　　　　　〒○○○-○○○○
住　　所：大阪市中央区本町一丁目1番1号
氏　　名：株式会社佐藤産業
　　　　　代表者　代表取締役佐藤太郎
電　話：03-○○○-○○○
ＦＡＸ：03-○○○-○○○

請求の趣旨及び原因

請求の趣旨
1．金○○○○円
2．上記金額に対する支払督促送達の日の翌日から支払済みまで年6％の割合による遅延損害金
3．金○○○○円（申立手続費用）

請求の原因
1．債権者は、食品を小売店に卸売りする事業者であり、債務者は食品および日用品を販売する小売業者である。
2．債権者は、債務者に対して、平成○○年○○月○○日、債権者が販売する商品「○○」を金○○○○円で販売した。
3．2で定める代金の支払期日は平成○○年○○月○○日であった。
4．平成○○年○○月○○日は経過した。
5．債務者は、2で定める代金の支払いをしていない。
6．よって、本申立てを行う次第である。

(2) 仮執行宣言

　支払督促の送達後2週間経過しても債務者が支払いを行わず、督促異議がされないときは、債権者としては支払督促に仮執行宣言付与の申立て（次頁**記載例4－9**参照）を行うことができます。仮執行宣言を得ることにより、債権者としては強制執行を行うことができます。

　仮執行宣言の申立てに必要な書類は、**図表4－9**のとおりです。詳細については裁判所により若干異なるため、これらを基本としつつ裁判所に確認するとよいでしょう。

図表4－9　仮執行宣言に必要な書類

① 仮執行宣言の申立書
② 当事者目録
③ 請求の趣旨及び原因
④ 仮執行宣言付支払督促正本送達費用
⑤ 官製はがき
⑥ 請書（支払督促正本の受領）
※ 支払督促の申立てと異なり手数料（収入印紙）は不要です。

　なお、仮執行宣言付支払督促に基づいて強制執行をするためには、仮執行宣言付支払督促が送達されたことを証する書面を添付しなければなりません。

　申請書の記載例は、**記載例4－10**（117頁）のとおりです。

● 第4章 少額債権における債権回収

記載例4-9 仮執行宣言申立書

仮執行宣言の申立て

　　　　債権者　　株式会社山田産業
　　　　　　　　　代表者　代表取締役山田太郎
　　　　債務者　　株式会社佐藤産業
　　　　　　　　　代表者　代表取締役佐藤太郎

　上記当事者間の平成○○年（ロ）第○○○○号支払督促申立事件について、債務者株式会社佐藤産業は平成○○年○○月○○日、支払督促の送達を受けながら、法定期間内に督促異議の申立てをなさず、また、債務の支払もしないので、下記の費用を加えた仮執行宣言を求める。
記
　　　　　仮執行宣言の手続費用　　　　　　金○○○○円
　　　　　　（内　　訳）
　　　　　　　仮執行宣言付督促正本送達費用　金○○○○円
平成○○年○○月○○日
住　　　所：東京都新宿区○○一丁目1番1号
債　権　者：株式会社山田産業
　　　　　　代表者　代表取締役山田太郎
電　話：03-○○○○-○○○○
ＦＡＸ：03-○○○○-○○○○

東京簡易裁判所　裁判所書記官　殿

受付印

貼用印紙	円
郵便切手	円
葉書	枚

Ⅴ 支払督促

記載例4-10　送達証明申請書

```
平成○○（ロ）第○○○○号
債権者　株式会社山田産業
債務者　株式会社佐藤産業
                    送達証明申請書
                                    平成○○年○○月○○日
東京簡易裁判所　御中
        （申請人）株式会社山田産業
              代表者　代表取締役山田太郎

  御庁頭書事件につき、平成○○年○○月○○日付仮執行宣言付支払督促正本
が債務者株式会社佐藤産業に送達されたことを証明されたく申請します。
------------------------------------------------------------------
                      受領書
上記証明書1通を受領しました。
    平成○年○月○日
        （申請人）株式会社山田産業
              代表者　代表取締役山田太郎
```

❺　督促異議

(1)　督促異議とは

　支払督促は、債務者の意見を聞かず発付されますが、債務者側の不服申立ての手段として、「督促異議」の制度が設けられています。督促異議の機会は2回与えられており、1つは支払督促が送達された日の翌日から2週間以内に行う場合、もう1つは仮執行宣言付支払督促が送達された日の翌日から2週間以内に行う場合です。督促異議が適法になされた場合は、通常訴訟へ移行することになります（民事訴訟法395条）。督促異議は、債務者側のために設けられた制度ですが、その性質を知ることが支払督促手続を有効活用するポイントとなります。

　督促異議は請求の原因となっている事実関係に誤認があるとか、金額に誤

りがある場合だけでなく、「分割払いにしてほしい」、「何日まで待ってほしい」といった支払いについて話合いをしたいという場合にも行われます。支払督促の発送時には、督促異議の申立てがしやすいように裁判所作成の**記載例４−11**のような「督促異議申立書」が同封されます。これに債務者側が「分割払いでお願いしたい」などと記載すれば、通常訴訟に移行してもそれを前提に訴訟が進行するため、煩雑な主張立証をすることもなく訴訟が終了することが多くなります。支払督促の申立てには証拠の添付等が必要ではありませんから、理由もなく相手方が支払いを行わないようなケースでは、督促異議申立書に相手方が支払いを行う旨の記載をしてくれることが多く、督促異議により移行した通常訴訟の席上でスムーズに和解を行うことができます。

　争いのない案件であるにもかかわらず、証拠が膨大であったり、社内手続上証拠の提出に時間がかかるなどの事情で労力や時間をかけることは非効率です。分割払いを希望する旨の督促異議がなされることを念頭において、スピーディーに支払督促を申し立てることが有効な活用方法です。

(2)　督促異議による通常訴訟

　督促異議により通常訴訟に移行することになりますが、管轄裁判所は、訴額が140万円以下の場合は、支払督促を発付した裁判所書記官の所属する簡易裁判所になり、140万円を超える場合は、当該簡易裁判所の所在地を管轄する地方裁判所になります（民事訴訟法395条）。これらの管轄裁判所と異なる裁判所を管轄裁判所とする合意をしても認められません。

❻　少額債権の回収における活用ポイント

(1)　支払督促は債権額140万円以内で活用する

　先述したように、支払督促が利用できる債権に金額的な制限はありません。しかし、督促異議がなされた場合に管轄裁判所が簡易裁判所になるのか、地方裁判所になるのかは大きな違いがあります。管轄裁判所が地方裁判所になると会社の場合、会社の代表者自身が出廷するか、弁護士に代理を依

記載例4-11　督促異議申立書

事件番号　　平成○○年（ロ）第○○○○号
　　　　　　督　促　異　議　申　立　書
　下記当事者間の督促事件について発せられた支払督促について、異議の申立てをします。
　　　債権者
　　　　ふりがな
　　　債務者
　　　送達場所（あなたが書類を受け取りたい場所です。）
　　　　【※必ずいずれかを選択し、□に✓を入れてください。】
　　　　□　送達場所は支払督促記載の住所のとおり
　　　　　TEL　　　－　　　　　－　　　　　Fax
　　　　□　上記以外の送達場所（□　勤務先）
　　　　　〒
　　　　　TEL　　　－　　　　　－　　　　　Fax　　　－　　　－
　　　　　平成　　年　　月　　日
　　　　　　　　東　京　簡易裁判所支払督促係　　御中

＜注　　意＞
　※この督促異議申立書を書く前に**裏面の注意書**をよく読んでください。
＜書　き　方＞
　※「債権者」欄には支払督促中の「当事者の表示」に書いてある債権者の名前を書いてください。その下の「債務者」欄にあなたの名前を書いて印鑑を押してください。
　※電話番号は必ず書いてください。**支払督促に書いてある住所以外で書類の受領を希望する方は**「上記以外の送達場所」の□に✓を入れ、勤務先やその他の送達場所を具体的にその宛先を書いてください。
　※日付欄には異議の申立てをする日を書いてください。

　　異議の理由については、下欄の□及び○に✓を入れ具体的に書いてください。
　　　□　法廷での話し合いによる解決を希望します。
　　　○　月々の分割払いを希望します。
　　　　平成　　年　　月から毎日　　日限り金　　　　円ずつ
　　　○　その他の支払方法

頼する必要があります（民事訴訟法54条1項）。会社の代表者が出廷することは大企業であれば通常考えられないですし、弁護士に依頼するとコストが発生します。簡易裁判所であれば許可代理人という制度があるため（同項ただし書）、自社の社員など弁護士、司法書士以外でも裁判所の許可を得て会社の代理人として出廷することができます。実際にこの制度を活用して、自社の簡易裁判所における裁判に社員が出廷して、訴訟活動を行うことが広く行われています。

督促異議の申立てがなされ、管轄裁判所が簡易裁判所であれば許可代理人として自社の督促業務の担当者が出廷することにより、ローコストで訴訟を完結することができます。

(2) 管轄裁判所の所在地に自社の営業所があるか

督促異議の申立てによる通常訴訟の管轄裁判所は、支払督促を発付した裁判所書記官の所属する簡易裁判所または地方裁判所となります（民事訴訟法395条）。支払督促の申立てをする裁判所書記官は、原則として相手方の住所地を管轄する簡易裁判所の裁判所書記官ですから、仮に自社が東京の会社であっても、相手方が大阪市内の会社であれば、大阪の裁判所で裁判は行われることになります。管轄の問題は支払督促の欠点ですが、全国に営業所が存在する企業であれば、支払督促を活用することもできます。

支払督促の申立ては郵送でも可能ですから、支払督促の申立書の作成などは専門的機能を有する本社で行い、督促異議が出た場合の出廷については、許可代理人の制度を活用し、現地の営業所の担当者に任せることで、管轄の問題を克服し、広く支払督促のメリットを享受することができます。裁判自体も争いのない案件であれば、すぐに終結しますから営業所の担当者の負担もそれほど大きいものではないでしょう。

なお、債務者の住所地で訴訟を行うことはメリットもあります。債務者の住所地の裁判所で訴訟を行ったほうが、債務者が出廷しやすく、出廷して法廷で顔を会わせて話合いを行うことで、より債務者が誠実に支払いを行うと

いう傾向があります。債務者の住所地が遠隔地だからと、安易に支払督促を選択肢から外すのではなく、自社の状況を分析して利用を検討するとよいでしょう。

(3) 書式を整理し、迅速な対応を行う

　支払督促は、裁判所からの督促状の送付という、債務者側からすると支払いに対する強いプレッシャーを素早く簡単にかけることができる、非常に優れた制度です。管轄の問題も先に紹介したような方法をとれば克服できますから、積極的に活用すべきです。

　支払督促導入の一番の障害になってくるのは、支払督促の申立時に提出する「請求の趣旨及び原因」の記載です。先述したように会社ごとに販売する商品は決まっているから、できるだけ汎用性のある書式を作成し、どの担当者が作成しても迅速に申立てが行えるように整備しておくべきでしょう。

Ⅵ　通常訴訟による回収

❶　通常訴訟とは何か

　通常訴訟とは、世間一般でいわれる裁判のことです。原告、被告がそれぞれ証拠を基に主張をぶつけあい、最終的な判断を裁判所が行います。まれに当事者尋問や証人尋問までもつれ込み、白熱することもありますが、ほとんどの場合は書面のやりとりだけで終わります。筆者は、通常訴訟も積極的に利用しています。少額債権の回収において、非常に有効な手続です。

❷　通常訴訟の流れ

　通常訴訟の流れは、図表4-10（次頁）のとおりです。

●第4章　少額債権における債権回収

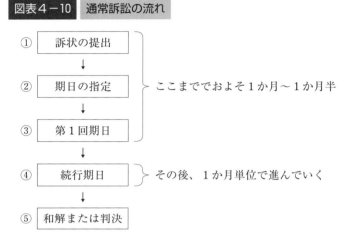

図表4-10　通常訴訟の流れ

❸　裁判管轄

　訴訟手続を行うのは裁判所ですが、裁判所であればどこの裁判所でも申し立てることができるわけではなく、管轄が存在します。管轄の問題で重要なのは、訴訟の金額によって管轄を区別する「事物管轄」と、場所によって管轄を区別する「土地管轄」です。

(1)　事物管轄

　不動産に関する争いを除き、請求金額が140万円を超えるものは、地方裁判所が管轄し、140万円を超えないものは簡易裁判所の管轄となります（裁判所法24条、33条）。よって、少額債権の回収については多くの場合、簡易裁判所が管轄を有することになります。

(2)　土地管轄

　原則として被告、つまり債務者の住所地（主たる事務所の所在地）を管轄する裁判所が管轄裁判所となります（民事訴訟法4条）。このほか土地管轄に

ついては、訴訟の種類ごとに特別裁判籍が認められています（同法5条）。

そのなかで特に重要となるのが、民事訴訟法5条1号の財産権上の訴えに関する「義務履行地」管轄というものです。たとえば、売掛金50万円の支払いを請求する訴えであれば、売掛金50万円を支払うべき場所（支払義務を履行する場所）を管轄する裁判所が管轄を有するということになります。民法484条は、弁済は債権者の住所地においてなされなければならないと定めており、原則として義務履行地とは債権者の住所地となります。

企業が行う少額債権の回収のほとんどは、被告が遠方の企業であっても義務履行地管轄を利用して、原告（債権者）の所在地を管轄する裁判所に提訴が可能となります。これは支払督促にはないメリットです。

(3) 管轄に関する工夫

土地管轄、事物管轄については第一審に限り、書面により合意することにより、法定管轄と異なる管轄（合意管轄）を定めることができるとされています（民事訴訟法11条）。読者の方も見たことがあるかもしれませんが、契約書等には、「本契約に関する争いについては、〇〇地方裁判所を第一審の専属的合意管轄裁判所とする」というように専属的合意管轄裁判所が記載されていることがあります。あの記載がされているのは、契約書の作成した側が、自分に有利な場所で裁判をしたいからです。

企業間の契約締結実務では、この裁判管轄をどこにするかで、綱の引合いが行われたりもします。少額訴訟を念頭においた場合には、後述するように簡易裁判所で訴訟を行ったほうがメリットが大きいため、簡易裁判所を合意管轄裁判所としたほうがよいでしょう。具体的には、「本契約に関する争いについては、〇〇簡易裁判所を第一審の専属的合意管轄裁判所とする」または「本契約に関する争いについては、〇〇地方裁判所または〇〇簡易裁判所を第一審の専属的合意管轄裁判所とする」とすることが考えられます。

(4) 費 用

　訴訟手続は、申立手数料（収入印紙）と郵便切手代が必須の費用となります。このほか代理人に依頼する場合には、弁護士、司法書士費用が必要となります。申立手数料は訴訟の金額により異なります。100万円の支払いを求める裁判を起こした場合、申立手数料は1万円であり、郵便切手代はおおむね5,000円ほどです。さきにも書きましたが、訴訟手続は高額の費用がかかるイメージがありますが、実費自体はそれほど高額ではありません。

(5) 訴状の提出

　訴訟は管轄裁判所に訴状を提出することから始まります（民事訴訟法133条）。提出方法は持参、郵送ともに認められます。民事訴訟法では簡易裁判所においては口頭で提起することができるとされています（同法271条）が、実際にはあまり多くありません。法律で訴状の字数、行数についての定めはありませんが、Ａ4判の用紙を用い、活字の大きさを12ポイント、1行の字数37、1頁の行数26、余白は左側3センチメートル、上部に3.5センチメートルをとってほしいとの裁判所からの要請があります。

　訴状は裁判所提出用（正本）を1通、被告に送達する用（副本）を被告の人数分を提出します。この際自社用の控えを取ることを忘れないでください。訴状正本には証拠の写し・訴訟委任状や資格証明書などの附属書類を添付するほか、申立手数料（収入印紙）と郵便切手を収めます。

　訴訟を提起するにあたって一番労力がかかるのが、訴状の作成です。慣れないうちは訴状の作成だけでも何時間という時間をかけてしまいますが、訴訟の対象となっている訴訟の類型ごとにある程度定型化できるため、基本となるフォーマットを用意しておけば時間が節約できます。

　記載例4－12・4－13・4－14に訴状等の記載例を紹介しておきます。シンプルなものにしていますので、裁判所においてはもう少し詳細に記載するように求められる場合がありますから、注意してください。

記載例4-12　訴状（売買）

　　　　　　　　　　　訴　　　状

　　　　　　　　　　　　　　　　　　　　平成○○年○○月○○日

東京簡易裁判所　民事部　御中

　　　　　　　　　　　　　　　　　原告　株式会社山田産業
　　　　　　　　　　　　　　　　　代表者　代表取締役　山田太郎

当事者の表示　別紙当事者目録記載のとおり
売買代金請求事件
訴訟物の価格　　　金○○○○円
貼用印紙額　　　　金○○○○円

第1　請求の趣旨
1　被告は，原告に対し，金○○○○円及びこれに対する平成○○年○○月○○日から支払済みに至るまで年5分の割合による金員を支払え。
2　訴訟費用は被告の負担とする。
　との判決及び第1項につき仮執行の宣言を求める。

第2　請求の原因
1　原告は，衣料品，日用品雑貨等の販売を行う事業者であり，被告はその購入者である。
2　原告は，被告からの依頼を受け，下記商品の販売した（甲第1号証）
　(1)
　　　契約日　　　　　　平成○○年○○月○○日
　　　購入品　　　　　　○○製コート
　　　金額　　　　　　　金○○○○円（税込）
　　　支払期限　　　　　平成○○年○○月○○日
　(2)
　　　契約日　　　　　　平成○○年○○月○○日
　　　購入品　　　　　　○○製ジャンパー
　　　金額　　　　　　　金○○○○円（税込）
　　　支払期限　　　　　平成○○年○○月○○日
　　(1)+(2)　合計金○○○○円
3　原告は，被告に対して再三にわたり請求書を送付したが，訴訟提起に至るまで支払はなかった（甲第2号証）。
4　よって，原告は被告に対し，売買契約に基づき，上記商品代金合計金○○○○円及びこれに対する支払期限の翌日である平成○○年○○月○○日から支払済みに至るまで年5分の割合による金員の支払いを求める。

●第4章　少額債権における債権回収

```
                   証　拠　方　法
    1　甲第1号証        購入申込書
    2　甲第2号証        請求書の写し

                   附　属　書　類
    1　訴状副本          1通
    2　甲号証写し        各1通
    3　資格証明書        1通
```

記載例4-13　訴状（請負代金請求）

訴　　　状

平成○○年○○年○○日

東京簡易裁判所　民事部　御中

　　　　　　　　　　　　　　　原告　株式会社山田産業
　　　　　　　　　　　　　代表者　代表取締役　山田太郎

当事者の表示　別紙当事者目録記載のとおり
請負代金請求事件
訴訟物の価格　　　金○○○○円
貼用印紙額　　　　金○○○○円

第1　請求の趣旨
1　被告は，原告に対し，金○○○○円及びこれに対する平成○○年○○月○○日から支払済みに至るまで年6分の割合による金員を支払え。
2　訴訟費用は被告の負担とする。
　との判決及び第1項につき仮執行の宣言を求める。

第2　請求の原因
1　原告は，備品，什器の搬入，組立て，設置を主な目的とする事業者であり，被告も，同様の業務を行う事業者である。
2　原告は，被告からの依頼を受け，継続的にいわゆる外注先として，被告が，その顧客から受託した業務の補助を請負，仕事を完了してきた。完了した業務は次のとおりであり，その業務の残代金合計○○○○円が支払われていない（甲第1号証，甲第2号証）

(1)
　　契約日　　　　　　　平成○○年○月○日
　　仕事の現場　　　　　山田産業株式会社　第2工場
　　日数　　　　　　　　平成○○年○月○日から同年同月○日
　　仕事の完成日　　　　平成○○年○月○日
(2)
　　契約日　　　　　　　平成○○年○月○日
　　仕事の現場　　　　　田中製造株式会社　本社
　　日数　　　　　　　　平成○○年○月○日から同年同月○日
　　仕事の完成日　　　　平成○○年○月○日
3　よって，原告は被告に対し，請負契約に基づき，請負代金○○○○円及びこれに対する完成日の翌日である平成○○年○月○日から支払済みに至るまで年6分の割合による金員の支払いを求める。

証　拠　方　法

1　甲第1号証　　　　　請求書の控え
2　甲第2号証　　　　　請求書の控え

附　属　書　類

1　訴状副本　　　　　　1通
2　甲号証写し　　　　　各1通
3　資格証明書　　　　　1通

記載例4-14　当事者目録

当事者目録

（原告）
〒○○○-○○○○
東京都新宿区○○一丁目1番○号
原告　株式会社山田産業
代表者　代表取締役　山田太郎
（送達場所）
〒○○○-○○○○
東京都新宿区○○一丁目1番○号　山田ビル3階
株式会社山田産業
経理部経理課　（担当　○○）
TEL：○○○-○○○-○○○○

●第4章　少額債権における債権回収

```
FAX：○○○－○○○－○○○○
（被告）
〒○○○－○○○○
東京都港区赤坂一丁目○番○号
被告　株式会社佐藤産業
代表者　代表取締役佐藤太郎
TEL：○○－○○○－○○○○
FAX：○○－○○○－○○○○
```

❹　送　達

　これは支払督促でも同様ですが、訴状や支払督促は「特別送達」という特別な方法で送達されます。細かくいうといろいろありますが、要するにきっちりと受渡しが行われる送達方法です。訴状等の審査が終わり次第発送されます。

　相手方に事前に確認してから送るわけではないので、当然受け取れない、あるいは意図的に受け取らない相手方もでてきます。こうした場合、休みの日なら受け取ることができるだろうということで、休日に送達を行う「休日送達」が行われます。休日送達も受け取らなかった場合には、働いているところに送達する「就業場所送達」という方法を行うことになります。それでも送達ができない場合には、「付郵便送達（民事訴訟法107条）」により送達を行うことになります。付郵便送達とは、債権者が相手方の住所地を調査して、債務者がそこに住んでいるということを裁判所に疎明することで、実際には受取りがなされなくとも、送達がなされたこととする送達方法です。

　債権者は、住居の様子をうかがったり、近隣の人に聞込みを行ったりしなければならないので、探偵のようなことをする必要があります。そのうえで、**記載例4－15**のような「付郵便送達申請書」を提出します。

記載例4-15 付郵便送達申請書

付郵便送達申請書

事件番号　平成○○年（ハ）第○○○○号
当事者　　原　告　株式会社山田産業
　　　　　被　告　佐藤工務店こと佐藤太郎

　上記当事者間の売買代金等請求事件について，被告への訴状が不送達になり，また，就業場所への送達も不能なため付郵便（書留郵便に付する送達）送達申請します。
　なお，被告は下記の報告書のとおりに居住していることは間違いありません。
　　　　　　　平成　　年　　月　　日
　　　　　原告　株式会社山田産業
　　　　　　代表者　代表取締役山田太郎
　　　　　　　　　　報告書
1．原告が得た情報では，被告は大阪市中央区本町一丁目1番○号に居住し業務を行っているとのことであったため平成○○年○○月○○日同所へ，「佐藤工務店こと佐藤太郎」を名宛人として配達証明付内容証明郵便を送付し，同年○○月○○日配達された。
2．その後被告の電話番号○○-○○○-○○○○へ繰り返し架電するも，交渉に応じないため平成○○年○○月○○日被告の住所地を大阪市中央区本町一丁目1番○号として訴状の送達を申請したが，留置期間経過で不送達となった。
3．その後就業場所を大阪市中央区○○二丁目2番○号として行なったが，留置期間経過で不送達となった。
4．平成○○年○○月○○日付郵便送達を申立てるため被告の住民票を取得したところ，住所が大阪市中央区本町一丁目1番○号となっていた。
5．平成○○年○○月○○日　午後5時30分，原告は大阪市中央区本町一丁目1番○号において現地調査を行った。被告の，住居の様子は，洗濯物が干してあり，生活が営まれているものと思われる。また電気メーターを確認したところ，まわっていた。
6．大阪市中央区本町一丁目1番○号の右隣の住民田中氏に確認したところ，「確かに佐藤工務店こと佐藤太郎氏は大阪市中央区本町一丁目1番○号」に居住している旨の回答であった。
　　　　　　　　　　　　　　　　　　　　　　　　　　　以　上

●第4章　少額債権における債権回収

❺　証拠の提出

(1)　証拠の自由

　訴訟においてこちら側の主張が認められるためには、それを裏付ける証拠が必要になります。真実としてこちら側の主張が正しくとも、裁判官としては証拠から判断することが訴訟のルールとされています。よって訴訟を有利に進めるうえで、証拠が整っていることは非常に大切です。これがしっかり整っていないと敗訴することもありえます。民事訴訟においては、原則としてどのような証拠であっても提出することが可能です。契約書に限らず、メールや発注書、納品書、請求書であってもよいのです。当事者の押印が欠けていたり、契約書の日付が抜けていることなどは、よくあるミスですが、少額債権に関する訴訟の場合は、多少の不備を気にするよりは、こちら側の主張を裏付けるものはできるだけ提出すべきであると考えています。

(2)　書式の整理

　筆者が訴訟代理人として活動する場合、証拠一つひとつにこちら側に不利になるような記載がないかを精査するため、慣れていない書式だと処理に時間がかかってしまいます。少額債権の回収の場合には、できるだけ時間をかけずに処理をする必要があるため、契約書や発注書など証拠となりうる書式については、担当者の目を入れて整理しておくべきでしょう。なお、一般論として証拠としての力は、請求書や見積書などの債権者側が一方的に作成したものよりも、契約書や発注書のように債務者の押印があったり、債務者側から提出されたもののほうが強いといえます。この視点を持って、実際の取引の流れに沿うように書式を整理するとよいでしょう。

　訴訟において証拠を提出する場合には、証拠の作成者や趣旨等について説明するため、**記載例4－16**のような「証拠説明書」を提出します（民事訴訟規則137条）。

　証拠は、原本をコピーして右上に「甲第〇号証」というように、証拠ごと

に番号を付けていきます（次頁記載例4－17）。原稿が提出する証拠を「甲号証」、被告が提出する証拠を「乙号証」といいます。裁判では証拠の原本も調べられますから、必ず持参するようにします。証拠が複数になるとき、証拠の番号を書いた付箋を証拠に付けて、裁判官や被告が見やすいようにしておきます。

記載例4－16　証拠説明書

東京簡易裁判所　御中

証拠説明書

原告　株式会社山田産業
代表者　代表取締役山田太郎

符号番号	標目（原本・写しの別）	作成年月日	作成者	立証趣旨	備考
甲第1号証	請求書の控え（写し）	平成○年○月○日	原告	原告と被告が什器の搬入、組立て及び設置工事等の請負契約を締結した事実とその金額	
甲第2号証	請求書の控え（写し）	平成○年○月○日	原告	原告と被告が什器の搬入、組立て及び設置工事等の請負契約を締結した事実とその金額	

●第4章　少額債権における債権回収

> 記載例4−17　証拠の提出方法

契約書

甲第1号証

　株式会社山田産業（以下、「甲」という）と株式会社佐藤産業（以下、「乙」という）とは、次のとおり契約を締結する。

第1条（目的）
　本契約は、甲が乙に対してその商品「○○」（以下、「本商品」という）を金100万円にて販売することを目的とする。

第2条（代金の支払日）
　乙の甲に対する代金の支払日は、平成○○年○○月○○日とする。

第3条（引渡し日）
　甲は、乙に対して、本商品を平成○○年○○月○○日に引き渡す。
　2　本商品の所有権は、引渡しと同時に乙に移転する。

第4条（検品）
　乙は、引き渡しを受けた日から7日以内に本商品の検品を完了するものとする。
　2　引き渡し後、7日以内に本商品の検品を行わない場合には、7日経過をもって本商品は、乙の検品に合格したものとする。

平成○○年○○月○○日
甲　東京都新宿区○○一丁目1番○号
　　株式会社山田産業
　　代表取締役　山田太郎　　　　　　　　　印
乙　大阪市中央区本町一丁目1番○号
　　株式会社佐藤産業
　　代表取締役　佐藤太郎　　　　　　　　　印

---

❻　期日の指定

　訴状提出後は、不備がなければ裁判の初回期日が指定されます。被告となる債務者には、裁判所から第1回期日の「呼出状」、「答弁書催促状」とともに、「訴状副本」が送達されます。民事訴訟法上は原告に対する初回期日の呼出しも呼出状を送達する方法が原則とされていますが（民事訴訟法94条1項）、実務上は裁判所に期日請書を提出する方法によることが多いです（同

条2項)。具体的には、裁判所から原告に対して電話があり、第1回裁判期日の日程の調整を行い、日程が決まれば裁判所に対して期日請書をファクシミリで提出する方法です。期日請書の記載例（**記載例4－18**）を掲載しておきます。

記載例4－18 期日請書

平成〇〇年〇〇月〇〇日
FAX送信書
送信先　東京簡易裁判所　民事〇係御中　（ご担当　斎藤　様）
（FAX：〇〇－〇〇〇－〇〇〇〇）
発信者　〒〇〇〇－〇〇〇〇
　　　　東京都新宿区〇〇一丁目1番1号
　　　　株式会社山田産業　（担当　柴田）
　　　TEL：〇〇－〇〇〇－〇〇〇〇
　　　FAX：〇〇－〇〇〇－〇〇〇〇

　以下のとおり、期日請書をファクシミリにて提出します。
　　　　　　　　　　　　　　　　　本書を含め全部で　1枚

平成〇〇年（ハ）第〇〇〇〇号　売買代金等請求事件
原　　告　株式会社山田産業
被　　告　株式会社佐藤産業
期日請書
　　　　　　　　　　　　　　　　平成〇〇年〇〇月〇〇日
東京簡易裁判所　民事〇係　御中
　　　　　　　　　　原告　株式会社山田産業
　　　　　　　　　　代表者　代表取締役　山田太郎

　御庁頭書事件につき、口頭弁論期日が平成〇〇年〇〇月〇〇日〇〇時〇〇分と指定されましたので、同日時に出頭します。

●第4章　少額債権における債権回収

記載例4-19　**準備書面**

平成○○年（ハ）第○○号　請負代金請求事件
原　告　株式会社山田産業
被　告　株式会社佐藤産業

　　　　　　　　　　　　　原告準備書面(1)

　　　　　　　　　　　　　　　　　　　　　　平成○○年○月○日

東京簡易裁判所　御中

　　　　　　　　　　　　　　　　　　原　告　株式会社山田産業
　　　　　　　　　　　　　　　　　　代表者　代表取締役山田太郎

第1　被告の主張に対する反論
1．被告答弁書記載の、「被告の主張1」原告の仕事が完全ではなく、仕事が完了していないという主張について争う。
　　原告は、被告の仕事の完了を認めており、その旨のメールを原告に送付している（甲第○号証）。

　　　　　　　　　～～中　略～～
　　　　　　　　　　証拠方法
1　甲第○号証　　　　メール
　　　　　　　　　附　属　書　類

1　甲号証写し　　　　各1通

---

❼　訴訟が終結するとき

　訴訟もいずれは終結を迎えることになりますが、終結方法として大きく判決と和解があります。

(1)　判　決

　原告被告双方の主張や立証が出尽くし、判決ができる程度に熟したときに口頭弁論は終結され、判決言渡期日が指定されます。判決言渡期日は、判決を言い渡すだけの期日ですから、出廷してもしなくてもかまいません。判決言渡期日に出廷しても、判決書がすぐにもらえるとは限りません。数日後、判決正本が送達されてくるのが一般的です。

Ⅵ　通常訴訟による回収

判決書が届き、こちら側が勝訴しているときは債務者に対して判決どおりに支払うように促します。それでも支払わない場合には、強制執行の手続を検討していくことになります。なお、敗訴した側は控訴することができますので、訴訟が継続することもあります。

(2)　訴訟上の和解

訴訟の進行状況により、裁判所から和解を勧められることがあります。双方が和解に応じて和解で訴訟が終了する場合、和解調書が作成されます。和解調書は判決と同じ効力があります。相手が和解の内容に従った支払いをしないときは、和解調書によってただちに強制執行の手続をとることができます。

初回期日以後は、原告、被告がそれぞれ準備書面（**記載例4－19**）や証拠を提出し、審理をしていくことになります。実務上は判決に至る前に和解になることが多いです。和解が成立した場合には、「和解調書」が作成されます。和解調書は判決と同様の効力を有し、和解調書の内容に違反して支払いを行わなかった場合には、強制執行を行うことができます。そのため筆者の経験上、任意に和解した場合よりも訴訟手続上で和解したほうが、債務者は支払いをしっかりと行うことが多いといえます。

❽　積極的な訴訟の利用

これまで紹介してきたように、「高い」、「費用倒れになる」と考えられてきた、通常訴訟は少額債権の回収においても十分に活用できる制度です。証拠さえしっかりと整えていれば、いろいろと抵抗を示してくる相手方に対しては、すぐに訴訟手続に移行してしまえばよいでしょう。筆者も、いろいろと文句をつけてくる相手方に対しては「裁判所で話しましょう」といって、裁判に移行させることはあります。そのほうが時間をかけるよりも、迅速に処理が可能となりますし、回収可能性も高まるといえます。

Ⅶ 少額訴訟による回収

❶ 少額訴訟とは

　少額訴訟手続は、60万円以下の金銭の支払いの請求を目的とする紛争について、原則1回の期日で審理を終了し、即日判決を言い渡す手続です。金銭の支払いを請求の目的とする紛争に限定されている理由は、金銭の支払いを求める紛争が比較的論点が単純であり、審理に長い時間を要求されないと考えられているためです。

❷ 少額訴訟により訴訟を行うには

　少額訴訟での審理を求めるためには、提訴の際に少額訴訟による審理および裁判を求める旨と、提訴した年において、提訴した裁判所において少額訴訟による審理を求めた回数を届け出なければならないとされています（民事訴訟法368条）。

　回数を届出させるのは、回数制限が設けられているためであり、同一人が同一の簡易裁判所に少額訴訟による審理を求めることができるのは、年10回までとされています（民事訴訟規則223条）。

　筆者は、訴状の1枚目に記載して、届け出るようにしています（**記載例4－20**）。

Ⅶ 少額訴訟による回収

記載例4－20　少額訴訟訴状雛形

```
                  訴　　状
                              平成○○年○○月○○日
東京簡易裁判所民事部　御中

                        原告　株式会社山田産業
                        代表者　代表取締役山田太郎

当事者の表示　別紙当事者目録記載のとおり
請負代金請求事件
訴訟物の価格　　　金○○万○○○○円
貼用印紙額　　　　金○○○○円

第1　請求の趣旨
 1　被告は，原告に対し，金○○万○○○○円及び平成○○年○○月○○日か
   ら支払済みに至るまで年6分の割合による金員を支払え。
 2　訴訟費用は被告の負担とする。
   との判決及び第1項につき仮執行の宣言を求める。

少額訴訟による審理及び裁判を求めます。
本年，御庁において少額訴訟による審理及び裁判を求めるのは1回目です。
```

❸　少額債権の回収における利用

　1回の期日で終了することなどから、時間も節約でき、少額債権の回収に有効ではないかと思われるでしょうが、筆者自身はあまり利用することは多くありません。その理由は次のとおりです。

(1)　費用が通常訴訟と同じ

　支払督促手続は申立てにあたって収入印紙代が訴訟手続の半額で済むというメリットがありますが、少額訴訟の申立費用は通常訴訟と同一です。

(2) 敗訴リスク

　少額訴訟では原則1回の期日で審理が終了するためすべての証拠を第1回期日までに提出する必要があり、証拠も即時に取り調べられるものに限定されています（民事訴訟法370条2項、371条）。つまり1回の期日でこちらが勝訴判決を得られるだけの証拠を提出する必要があります。相手方がどのような主張をしてくるかわからないなかで、1回の期日で審理を終了するということは、当然敗訴するリスクも考えなければなりません。

　また少額債権の場合は、通常訴訟でも第1回の期日で和解が整うことも多く、通常訴訟を選択した場合でも、早期に解決することが多くあります。

　以上のような理由から筆者自身は少額訴訟を選択することは少ないですが、決定的な証拠がある場合などで、およそ和解が成立しない見込みの場合には、少額訴訟を選択すると有効といえるでしょう。

Ⅷ 強制執行による回収

❶ 強制執行とは

　強制執行とは、債権者が判決などの債務名義を得ているにもかかわらず、債務者が自らの債務の履行をしない場合に、債権者が債務名義に基づき、債務者の有する財産に対して執行の申立てをすることにより、国家の公権力により債務者の財産を差し押さえ、その目的物または権利の換価または引渡しをして、債権者の満足を図る手続です。マンガなどで、「差押え」と書かれた札を家財道具に貼られているシーンなどがありますが、あれも強制執行の一種です。差押えを受けた債務者は、「嫌だ」といっても強制的に財産を持って行かれることになります。

Ⅷ 強制執行による回収

❷ 強制執行を行うには

(1) 債務名義の獲得

　強制執行を行うためには、「債務名義」が必要になります。債務名義というとわかりにくいですが、強制執行によって実現されることが予定される請求権の存在、範囲、債権者、債務者を表示した公の文書のことであるとされ、具体的には、①確定判決、②仮執行宣言付判決、③抗告によらなければ不服を申し立てることができない裁判、④仮執行宣言付損害賠償命令、⑤仮執行宣言付支払督促、⑥訴訟費用に関する裁判所書記官の処分等、⑦執行認諾文言付公正証書、⑧確定した執行判決のある外国裁判所の判決、⑨確定した執行決定のある仲裁判断、⑩確定判決と同一の効力を有するもの（和解に代わる決定など）とされています（民事執行法22条）。費用や時間をかけてまで訴訟や支払督促手続を行うのは、この債務名義を獲得し、いざとなれば強制執行という手段により回収を図るためです。債務者側からすれば敗訴し、債務名義が取得されることは、自己の資産が差押えを受ける可能性があることを意味しますから、訴訟等に至ればそれまで逃げ回っていた債務者でも真摯に向き合い、話合いのテーブルにつくのです。

　少額債権の回収の場合には、回収の際に選択する裁判手続等の関係で、①②⑤⑩の債務名義を使用することが多いといえます。

(2) 執行文の付与

　強制執行を申し立てるには、原則として債務名義に対して、債務名義が執行力を有することを証明する執行文を付与してもらうことが必要になります。例外として、少額訴訟判決、仮執行宣言付少額訴訟判決、仮執行宣言付支払督促については執行文の付与は不要とされています。執行文の付与の申立ては、執行認諾文言付公正証書以外の債務名義については債務名義を作成した裁判所に所属する裁判所書記官に、執行認諾文言付公正証書については作成した公証人に対して執行文付与の申立てをします（民事執行法26条）。

(3) 送達証明書

強制執行を行うためには、債務名義の正本または謄本が、あらかじめまたは同時に債務者に送達されていることが必要とされます（民事執行法29条）。そのため執行認諾文言付公正証書以外の債務名義については、債務名義を作成した裁判所に所属する裁判所書記官に、執行認諾文言付公正証書については作成した公証人に対して送達の申請をし、送達完了後には送達証明書を取得して強制執行の申立書に添付する必要があります。判決や仮執行宣言付支払督促は職権で送達がなされるため、送達の申立て自体は不要です（同法255条1項、391条2項）。

以上の強制執行申立てまでの流れを図にすると**図表4－11**のとおりとなります。

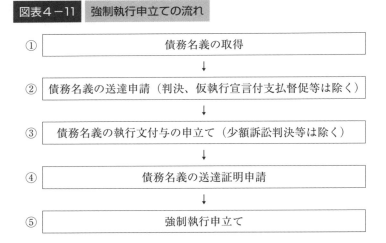

図表4－11　強制執行申立ての流れ

① 債務名義の取得
② 債務名義の送達申請（判決、仮執行宣言付支払督促等は除く）
③ 債務名義の執行文付与の申立て（少額訴訟判決等は除く）
④ 債務名義の送達証明申請
⑤ 強制執行申立て

❸ 強制執行の種類

強制執行は、対象となる財産ごとに不動産執行、動産執行、債権執行などの種類があります。

(1) 不動産執行

　不動産執行は、債務者の所有する自社ビルや自宅を対象とした手続です。銀行等の担保がすでに設定されていることも多く、実際に強制執行を行った場合でも余剰価値がなく、回収できないことも多いといえます。強制執行自体にも用意しなければならない費用も大きいため、筆者は、少額債権の回収ではあまり利用していません。

(2) 動産執行

　債務者の所有する工作機械や、家財道具等の動産を対象とした手続です。事業用の動産等を差し押さえられると、営業ができなくなることもあるため、支払いを促す強いプレッシャーとなりますが、動産を差し押さえて換価した場合でも、あまり価値が高くないことも多いです。動産執行には、予納金や鍵の開錠費用や動産を運び出す費用等が発生することもあり、数十万円になることもありますから、筆者は、少額債権の回収ではあまり利用しません。

(3) 債権執行

　債務者の預金債権や売掛債権、給与債権を対象とした手続です。実費が低額であり、かつ預金債権や売掛債権が実際に存在すれば、換価等の必要はないため回収が確実といえます。

　筆者は少額債権に関する強制執行では、この債権執行を多く用いています。以下では債権執行についての具体的ノウハウについて紹介します。

❹ 債権執行について

(1) 情報の収集

　債権執行に限らず、強制執行手続を行うためには執行可能な相手方の財産が存在しなければなりません。財産がなければ残念ながら判決を取得しても、ただの紙切れとなってしまいます。同じ業界内にいれば債務者が売掛債権を有している取引先などの予想はつきやすいかもしれません。そうした事

情がなくとも本書**第2章**で紹介した与信管理の手法を使えば、ある程度の財産状況は確認できることも多くあります。

(2) 管　轄

　債権執行の管轄裁判所は、債務者の普通裁判籍（住所地）を管轄する地方裁判所が管轄を有します（民事執行法20条、144条1項、民事訴訟法4条2項）。強制執行の申立ては郵送でもできますから、仮に遠隔地の裁判所でもそれほど負担とはなりません。

❺　債権執行の流れ

　債権執行の流れはおおむね**図表4－12**のとおりです。

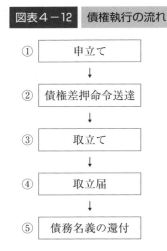

図表4－12　債権執行の流れ
① 申立て
② 債権差押命令送達
③ 取立て
④ 取立届
⑤ 債務名義の還付

❻　費　用

　債権執行の申立てにかかる費用は、申立手数料として4,000円（収入印紙）、郵便切手代としておよそ3,000円というのが基本となります。申立手数

料は債権の金額の多寡にかかわらず4,000円であり、他の強制執行と比較して低額であるといえます。

❼ 必要書類

　債権執行の申立てに必要な書類はおおむね、申立書、当事者目録、請求債権目録、差押債権目録、執行力のある債務名義の正本、送達証明書です（記載例4-21）。当事者目録、請求債権目録、差押債権目録については、申立書に綴じたもののほかに、当事者の数だけコピーを提出させたり、封筒を提出させたりと、迅速な処理のために裁判所により要求される書類等があるため、裁判所に確認するとよいでしょう。このほか実務上の取扱いとして、第三債務者に対するも陳述催告の申立ても債権執行の申立て時に行います（146頁記載例4-22）。陳述催告の申立てとは、第三債務者に対して、具体的にいくら債務者に対して支払債務が存在するのかを明らかにしてもらうための手続です。差押えを行っても、債権残高がなければ差押えを行う意味がないからです。

　債権執行の申立てが受け付けられると、執行裁判所は債務者および第三債務者に宛てて、債権差押命令を送達します。第三債務者への送達により、差押えの効力が発生し、第三債務者は債務者への支払いを禁止されます（民事執行法145条1項・4項）。

記載例4-21　債権執行の申立書等

```
                    債権差押命令申立書
                                  平成○○年○○月○○日
    大阪地方裁判所民事部　御中
                        〒○○○-○○○○
                        申立人　株式会社山田産業
                              代表者代表取締役山田太郎
                        電　話　○○-○○○-○○○○
                        F A X　○○-○○○-○○○○
```

● 第4章　少額債権における債権回収

```
　　　　当　事　者　⎫
　　　　請求債権　　⎬　別紙目録記載のとおり
　　　　差押債権　　⎭
　債権者は、債務者に対し、別紙請求債権目録記載の執行力ある債務名義の正
本に表示された上記請求債権を有しているが、債務者がその支払をしないの
で、債務者が第三債務者に対して有する別紙差押債権目録記載の債権の差押命
令を求める。
　　　　　　　　　　　添　付　書　類
　1　執行力ある債務名義の正本（確定判決）　　　　1通
　2　同送達証明書　　　　　　　　　　　　　　　　1通
　3　資格証明書　　　　　　　　　　　　　　　　　○通
```

```
　　　　　　　　　　　　　当事者目録
　　　　　　　　　　〒○○○－○○○○
　　　　　　　　　　東京都新宿区○○一丁目1番1号
　　債　権　者　　　株式会社山田産業
　　　　　　　　　　代表者代表取締役山田太郎
　　　　　　　　　　〒○○○－○○○○
　　　　　　　　　　大阪市中央区本町一丁目1番○号
　　債　務　者　　　株式会社佐藤産業
　　　　　　　　　　代表者代表取締役佐藤太郎
　　　　　　　　　　〒○○○－○○○○
　　　　　　　　　　東京都千代田区○○一丁目1番1号
　　第三債務者　　　株式会社東京市民銀行
　　　　　　　　　　代表者代表取締役　田中一郎
　送達場所　〒○○○－○○○○
　　　　　　東京都新宿区○○二丁目2番2号
　　　　　　株式会社東京市民銀行　新宿支店
```

```
　　　　　　　　　　　　　請求債権目録
　東京簡易裁判所平成○○年（ハ）第○○○号事件の執行力のある確定判決正本
に表示された下記金員及び執行費用
　　　　　　　　　　　　　　　　記
　1　元金　　　　　　　　　　　　　　金　　○○○○　円
　2　確定遅延損害金　　　　　　　　　金　　○○○○　円
```

       但し、平成○○年○○月○○日までの遅延損害金
 3　遅延損害金　　　　　　　　　金　○○○○円
       但し、上記1に対する平成○○年○月○日から平成○○年○月○日まで年6分の割合による金員
 4　執行費用　　　　　　　　　　金　○○○○円
       内訳　(1)本申立手数料　　　　金　　4,000円
             (2)差押命令等送達料　　　金　　○○○○円
             (3)本申立書作成及び提出費用　金　○○○○円
             (4)執行文付与申立手数料　金　　○○○円
             (5)送達証明書交付手数料　金　　○○○円
             (6)資格証明書交付手数料　金　　○○○○円
                                合計　金　　○○　円

　債務者は平成○○年○月末日限りを期限とする支払と、平成○○年○月末日限りを期限とする支払を怠り、その合計金額が金○○万円に達したため、上記判決の主文第○項の定めに基づき、平成○○年○月末日の経過をもって期限の利益を喪失した。

差　押　債　権　目　録

金　○○○○円
　債務者が第三債務者（　新宿　支店扱い）に対して有する下記預金債権及び同預金に対する預入日から本命令送達時までに既に発生した利息債権のうち、下記の順序に従い、頭書金額にみつるまで
記

1　差押えのない預金と差押えのある預金とがあるときは、次の順序による。
　(1)先行の差押・仮差押のないもの
　(2)先行の差押・仮差押のあるもの
2　円貨建預金と外貨建預金があるときは、次の順序による。
　(1)円貨建預金
　(2)外貨建預金
(差押命令が第三債務者に送達された時点における第三債務者の電信買相場により換算された金額（外貨）。ただし、先物為替予約がある場合には、原則として予約された相場により換算する。)
3　数種の預金があるときは、次の順序による。
　　(1)定期預金　　　　　　　(5)納税準備預金
　　(2)定期積金　※　　　　　(6)普通預金
　　(3)通知預金　　　　　　　(7)別段預金
　　(4)貯蓄預金　　　　　　　(8)当座預金

●第4章　少額債権における債権回収

　　※　ただし、定期積金については、本命令送達時における現在額を限度とする。
　　4　同種の預金が数口あるときは、口座番号の若い順による。
　　　なお、口座番号が同一の預金が数口あるときは、預金に付せられた番号の若い順序による。

記載例4－22　陳述催告申立書

第三債務者に対する陳述催告の申立書

平成○○年○○月○○日

大阪地方裁判所民事部　御中

東京都新宿区○○一丁目1番1号
債　権　者　　株式会社山田産業
　　　　　代表者代表取締役山田太郎

債　権　者
債　務　者　｝債権差押命令申立書記載のとおり
第三債務者

　本日御庁に申し立てた上記当事者間の債権差押命令申立事件について、第三債務者に対し、民事執行法147条1項に規定する陳述の催告をされたく、申し立てる。

❽　取立て

　債権差押命令が債務者に送達されてから1週間が経過すると、取立権が発生し、債権者としては第三債務者へ取立てを行うことができるようになります。

　具体的な取立ての方法は、第三債務者によりケースバイケースです。銀行であれば差し押さえた預金口座がある支店まで出向き、取立ての手続を行うこともありますし、郵送で書類を第三債務者に送付し完結することもあります。

　債権者が執行費用も含めた全額の支払いを受けた場合や被差押債権の全額を取り立てた場合には、執行裁判所において事件を終結する処理を行うた

め、債権者は取立届（記載例4－23）を裁判所に提出します（民事執行法155条3項）。その後強制執行に使用した債務名義については還付を申請することができます（次頁記載例4－24）。

記載例4－23　取立届出

平成〇〇年（ハ）第〇〇〇〇号
　　　　　　債　権　取　立　届　兼　取　下　書
大阪地方裁判所第民事部　御中
平成〇〇年〇〇月〇〇日
　　　　　　　　　　　　　　　　　債権者　株式会社山田産業
　　　　　　　　　　　　　　　　　代表者　代表取締役山田太郎
　　　　　　　　〒〇〇〇－〇〇〇〇
　　　　　　　　東京都新宿区〇〇一丁目1番1号
　債　権　者　　株式会社山田産業
　　　　　　　　代表者代表取締役山田太郎
　　　　　　　　〒〇〇〇－〇〇〇〇
　　　　　　　　大阪市中央区本町一丁目1番〇号
　債　務　者　　株式会社佐藤産業
　　　　　　　　代表者代表取締役佐藤太郎
　　　　　　　　〒〇〇〇－〇〇〇〇
　　　　　　　　東京都千代田区〇〇一丁目1番1号
　第三債務者　　株式会社東京市民銀行
　　　　　　　　代表者代表取締役　田中一郎
　上記当事者間の債権差押命令に基づき、債権者は第三債務者株式会社東京市民銀行から、平成〇〇年〇月〇日午前9時金〇〇円を取り立てたので届けます。
　なお、取り立ては残額については、取立不能ですので、既に取り立てた金〇〇円を除くその余を取り下げます。

●第4章　少額債権における債権回収

記載例4-24　**債務名義還付申請書**

```
事件番号　平○○年（ハ）第○○○○号
債 権 者　株式会社山田産業
債 務 者　株式会社佐藤産業
第三債務者　株式会社東京市民銀行
                                    平成○○年○○月○○日
           債務名義及び送達証明書還付申請書
大阪地方裁判所第民事部　御中
               債　権　者　　株式会社山田産業
                      代表者代表取締役　山田太郎　㊞

　上記当事者間の債権差押命令申立事件について、下記債務名義及び送達証明
書を還付されたく申請します。
                       記
1　債務名義                               1  通
    東京簡易裁判所　平成○○年（ハ）第○○○○号　確定判決正本
1　同送達証明書                           1  通
────────────────────────────────
                     請　　書
上記書類を受け取りました。
　平成○○年○○月○○日
          債　権　者　　株式会社山田産業
                 代表者代表取締役　山田太郎　㊞
```

❾　債権執行の積極的な活用を

　筆者としては、取引銀行や取引先と推察される第三債務者が判明した場合には、積極的に債権執行を行うことをお奨めします。仮に差押時点では預金債権や売掛債権がなくとも、第三債務者が実際に債務者の取引銀行等であれば、取引停止など債務者の事業継続上不都合が発生するため、差押えを実行したことにより債務者から自発的に支払いを受けたことが、実際に何度もあるためです。

少額の未払いで差押えを受け、事業継続が困難になることは避けたいですから、債務者もなんとか支払いをしようとします。債権執行は費用も安く、郵送でも行うことができますし、いわゆる費用倒れをあまり気にする必要はありません。裁判をしてもまったく誠実に対応してこない人は残念ながら存在します。おそらく「どうせ何もできない」、「財産は知られていない」と思っているのでしょう。

　すべての案件についてやるべきだとはいえませんが、時には断固とした姿勢を見せることが、風評の防止にもつながるでしょう。

不良債権の税務処理

第5章

● 第5章　不良債権の税務処理

Ⅰ　不良債権の税務上の取扱い

❶　不良債権を貸倒処理することは実質的な債権の一部回収

　売掛債権を前提とすれば、不良債権も、売上が計上された結果生じた債権です。
　①　売上計上により、決算を通じて所得が生じ、法人税額を納付している。
　②　売上が課税資産の譲渡である限り、「預り」消費税額を納付している。
という形で、税額を本体の債権回収に先行して納付し、資金負担を生じています（図表5−1）。

　それは、すでに所得として認識した売上債権が、その後回収して資金化されるとの大前提があるからです。

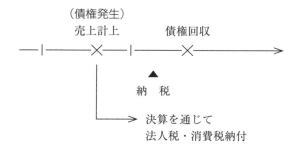

図表5−1　債権の発生・納税と債権回収の流れ

　ところが、不良債権化した債権の場合、将来資金化されるとの前提を欠きます。ということは、この納付が担税力のない納付だったことになり、不良債権を損金とすることは、税額分について生じた資金負担を解消する行為と

いえます。

　法人税[1]は、地方税を含めると実効税率が約35％、消費税は現行8％でさらに10％改定も予定されていますから、この資金負担は決して少なくありません。粗くいえば、債権本体が回収できなくても、税負担の取戻しで、半分近くは資金回収ができることになります。つまり、不良債権を税務上処理できることは、債権の実質的な一部回収なのです。

❷　不良債権を放置することは、会社の資金繰りを圧迫し続ける行為

　実務で、不良債権を損金で落とすには、税務上の取扱いルールとの関係で、一筋縄ではいかない部分があります。しかし、損金とすることができなければ、半永久的に税額分の資金負担を行い続けることになります。これが、不良債権を税務上損金に落とせないことの不利益というわけです。

図表5－2　掛売上の経済的意味

　図表5－2の資金負担の意味をここで確認してみましょう。実は、掛売上という行為は、経済的にみれば、現金で売上した際に回収した代金を、無利息・無担保で相手に融資する行為と同じです。

　誰でも、回収した代金を相手に無利息・無担保で融資することは、おそらくばかげた行為だと思うでしょう。しかし、実は、掛売上とはこれと同じ事

---

[1]　法人税は、所得を生じている限りにおいて納付する税額であるため、赤字法人であれば即時の資金回収には繋がらないので、ここでは黒字法人であるとの前提で考えてください。ただし、当期が赤字法人でも、次期以後黒字化するのであれば、損金は青色欠損金を通じて、次期以後の所得を減じることが可能です。また、消費税は、法人の所得には関係なく納付することになる税目です。

●第5章　不良債権の税務処理

で、相手に信用を供与するという与信行為を行っているのです。

ということは、この相手に貸し付けた現金の資金調達について、当社が負担をしている分だけ、当社の資金繰りは圧迫されていることになります。わが国では、非常に安易に掛売上が行われていますが、実は非常に危険な行為であるとの認識が必要です。

Ⅱ　損金計上に必要な処理知識——概論

❶　不良債権の損失処理は、回収不能確定時期限定

企業会計の視点からは、不良債権については、即時の損失処理が健全な会計慣行です。しかし、税務はそのような会計慣行をそのまま受け入れているわけではありません。会計上は費用・損失処理しても、税務申告上は損失と認められず法人税を負担する場合があります。いわゆる「有税償却」といわれるものです。

図表5-3　企業会計の費用と法人税法上の損金との関係

税務は、公平な税負担の視点から、企業会計で生じた費用・損失をすべて所得計算上の損金として受け入れるのではなく、税法のフィルターを通過したものだけを控除させる仕組みをとっています（図表5-3）。

その際に、最も重要な視点は、「回収不能が確定した時期に損失処理する

Ⅱ 損金計上に必要な処理知識──概論

こと」です[2]。そして、回収可能性の追求がなされずに債権放棄等が行われていれば、寄附金として損金にならないのが法人税法の基本姿勢です。

例①：貸倒処理した工事未収入金が、回収可能と判断され、損金算入を否認された事例[3]

例②：債権放棄を行って貸倒処理を行ったところ、合理的な返済をさせれば回収可能であったとして債権放棄が寄附金扱いされた事例[4]

なお、長期間貸倒処理を放置していて、貸倒処理を行った後で、すでに10年前に破産廃止しており、損金処理可能な時期を徒過してしまったという事例も時々生じます。早すぎても、遅すぎてもダメというのが、この貸倒損失計上時期の問題です。

❷ 処理方法を間違えると、永久に損金処理不能

税務上、損金とされない場合は、大きく分けて2通りあります（次頁図表5－4参照）。1つは、期ズレ問題で終わる場合です。たとえば、棚卸資産の評価減計上時期が税務上認められない場合があっても、後日処分すればそのときには損金とされます。仮装隠蔽等がなければ、通常は、比較的受け入れやすいといえるでしょう。

しかし、もう1つ、期ズレ問題で終わらない場合があります。寄附金や交際費のように、税法上の損金算入について制限が課されていると、永久に損金算入時期が到来しないことになります。これは後日損金算入の機会が生じないため、金額次第では、法人にとっては通常承服し難い事態を招くことになってしまいます。寄附金は、法人税法上、一定の損金算入限度額を超えると、その支出額については損金算入が認められていません。これは、企業会計と法人税計算との間の考え方の相違に基づくものですが、税務調査の現場で頻発するトラブルの原因の1つとなります。

---

(2) 大阪地判昭和44年5月24日行裁例集20巻5・6号675頁。
(3) 横浜地判昭和52年9月28日税資95号628頁。
(4) 名古屋地判平成8年3月22日税資215号960頁。

●第5章　不良債権の税務処理

図表5－4　費用が損金にならない場合（2通り）

費用が損金にならない場合
├─ 損金算入時期のみの否認（いわゆる「期ズレ」）
│　　→後日、損金算入時期が生じるため救済あり
└─ 損金算入の永久否認（損金算入限度額超過）
　　　→救済がない……寄附金はこちら

❸　回収可能性は、主観でなく客観的に判断が必要

　この場合の回収可能性の判断は、客観性が必要と解されており[5]、主観的な判断による損金計上は認められないとされています。この点、実務では、当事者の主観的判断によって回収可能性の判断がなされ、その結果に基づく処理の否認が起こりやすい点、注意が必要です。

Ⅲ　損金計上に必要な処理知識——各論1

❶　貸倒損失と貸倒引当金の分業

　貸倒損失は、前述のように「回収不能が確定した時期に損失処理すること」です。
　しかし、実務では、回収不能確定までの期間が長くかかることから、その手前でのクッション的処理が必要とされます。これが貸倒引当金です。
　貸倒引当金は、回収不能の蓋然性が生じた段階で、損失を見積もって引当処理するもので、損失額の確定時点で、見積額を戻入れし、損失の確定額を計上しなおすことになります。

---

[5]　最判平成16年12月24日民集58巻9号2637頁。

Ⅲ 損金計上に必要な処理知識──各論1

| 図表5-5 | 貸倒損失と貸倒引当金との関係（その1） |

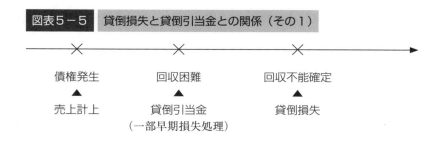

| 図表5-6 | 貸倒損失と貸倒引当金との関係（その2） |

段 階	事　象	金　額
1	債権発生	100
2	民事再生法開始決定時 貸倒引当金設定	50（見積もりによる損失）
3	民事再生法認可決定時 切捨て額 引当金の戻入れ	90 50（2の見積損失を益に戻入れする）

　このように、貸倒損失を計上する前に、損失を一部見積計上処理する処理が貸倒引当金であり、暫定的なクッション的処理だといえます。

❷ 貸倒損失（3通り）

　貸倒損失については、3通りあることを確認してください。

| 図表5-7 | 3通りの貸倒損失 |

貸倒損失の計上方法
　① 法的債権カットを伴う処理（法基通9-6-1）
　② 回収不能見込みに基づく処理（法基通9-6-2）
　③ 時効に準じた処理（法基通9-6-3）

●第5章　不良債権の税務処理

(1) 法的債権カットを伴う処理

まず、法的に債権カットを伴う手続の場合は、その債権放棄時に損失処理を行います。この場合は、法的に債権消滅事実が生じているので、回収不能性立証の問題がなく、寄附金に該当しさえしなければ、税務上の問題はありません。

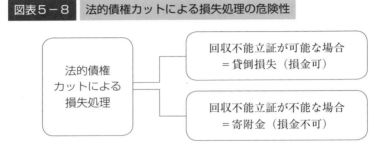

図表5-8　法的債権カットによる損失処理の危険性

しかし、たとえば、民事再生法でいえば、貸倒損失の計上は、再生計画認可決定時における債権切捨てまで待つことになり、これでは往々にして、損失処理できる時期は遅すぎるとの話になってしまいます。

また、倒産手続以外で、債務免除通知を行って債権放棄する手法も巷間耳にしますが、これは寄附金認定された場合に問題になりやすく、回収努力と回収不能立証が万全な場合以外はお勧めできません（図表5-8）。

(2) 回収不能見込みに基づく処理

次に、回収不能見込みに基づく処理です。これは法的に債権が消滅していない場合に、納税者自身が回収不能と見積もり、債権全額を損失計上するものです（図表5-9）。

III 損金計上に必要な処理知識──各論1

図表5-9 回収不能の挙証責任

　これは(1)と異なり、回収不能の挙証リスクを納税者自身が負うことになります。回収不能判断に主観性が混じりやすいため、実務では否認がきわめて多い事例です。破産終結のように回収不能判断に問題が生じない場合以外は、実務的にこの利用はお勧めできません。

(3) 時効に準じた処理

　最後に、時効に準じた処理（1年基準・売掛債権の特例・備忘価額処理ともいわれる）です。継続取引先の売掛債権について、取引停止後1年以上経過していることを前提に、納税者自身の判断で損失計上するものです。この処理は、債権全額から備忘価額1円を控除した残額を損失処理します（**図表5-10**）。

図表5-10 備忘価額処理（売掛債権の特例）

　対象債権が経常的に発生する売掛債権等に限定されるため、貸付金などについては利用できないなどの難点はありますが、挙証リスクが比較的低いことから、実務では多用されます。

❸ 形式基準の貸倒引当金を用いた貸倒損失処理

　上記❷(1)のように、貸倒損失による処理では法的債権消滅事実が生じる時

●第5章　不良債権の税務処理

期が遅いため、税務上は貸倒引当金といういわばクッションのような処理が用意されています。

すなわち、民事再生開始申立時などの時点で、形式的に債権の50％を引当金として損金処理することが認められます。ただし、実際の回収時あるいは損失確定時において生じた差額を損益として戻入処理することが前提となります。

図表5－11　民事再生手続における貸倒損失と貸倒引当金処理

【民事再生手続】

再生手続開始申立て　再生手続開始決定　債権届出　～　債権者集会　再生計画認可決定

【見積設定】
［引当金］
　形式基準による
　個別設定50％
　（法令96条1項3号ロ）

　長期棚上債権への
　個別設定
　（法令96条1項1号ロ）
　（説明省略）

【確定計上】
［貸倒損失］

　債権切捨て
　（法基通9－6－1(1)）
　（消令59条1号）

❹　実質基準としての貸倒引当金の利用

一般に貸倒引当金は、形式基準による対象債権の50％設定のみが行われることが大半です。しかし、たとえば、破産債権の場合、破産申立段階で、さらに踏み込んだ設定率をとることも可能です。破産債権の回収率を鑑みて、

Ⅲ　損金計上に必要な処理知識──各論1

経験的に90％を設定しても、課税当局はこれに対する否認は行いにくいと考えられます。

このように破産の場合、申立時に90％部分について貸倒引当金を設定して損失処理を終えておき、1年経過した次期で備忘価額処理を用い、1円を残した債権残額を貸倒処理するとの手法が採用可能です。安全性も高く、しかも最初から貸倒処理したのとほぼ同程度の税効果メリットを得ることが可能になります。

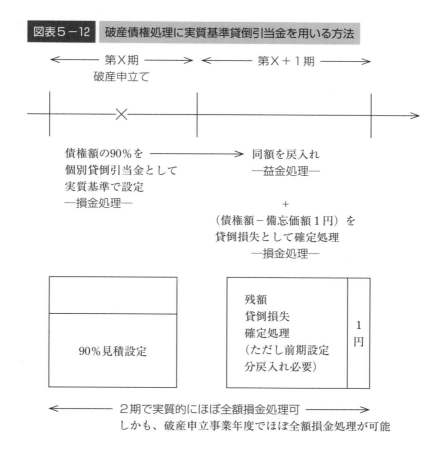

図表5－12　破産債権処理に実質基準貸倒引当金を用いる方法

●第5章　不良債権の税務処理

　ここで、消費税については実際の貸倒処理を行った段階でなければ税額控除できないので、消費税の税メリットは貸倒引当金設定時には享受できない点、注意が必要です。

　さらに、1年基準による備忘価額処理が使えるのは、売掛債権であることのほか、継続的な取引先であり、スポット取引先でないことが求められています。ただし、平成25年に国税庁が公表した質疑応答（214頁質疑応答例6-1）によって、通信販売の会社が未収処理する場合に、顧客をデータベース管理していることをもって、一回限りしか利用のない顧客をも潜在的な継続取引先と扱うことが認められました。継続的な顧客情報管理の状況によっては、他の業種でも適用可能であると考えてよいでしょう。

　なお、大法人の場合には、貸倒引当金の設定ができなくなっていますので、この方法は中小法人にのみ適用可能とされています（後述）。

Ⅳ　損金計上に必要な処理知識——各論2

❶　回収不能判断のための回収努力と判断時期客観化手段としての文書化

　先に述べたように、主観的判断により回収不能と判断しただけでは、税務はこれを認めません。たとえば3か月程度の遅延、しかも相手の財務状況・支払能力調査もない現況では、これを即貸倒損失処理することはできません。

　時に、債権放棄すれば可能との主張もあるが、相手方の回収能力を見極めていない以上、寄附金認定され、永久に損金算入機会を失うことになりかねず、きわめて危険な処理です。つまり、この後は、回収可能性を見極める経時的観察が必要になります。

　ここで重要になるのが、定期的な回収努力とその経緯記録です。ポイントは2つあります。

Ⅳ 損金計上に必要な処理知識——各論2

回収努力をせず放置している、あるいは、回収努力を記録しない場合には、これらを明確化することができないことになります。

> 図表5－13　回収努力と経緯記録のポイント
>
> ① 回収努力の末に回収不能となったもので、寄附金ではないことを立証する
> ② どうしてこのタイミングで損失処理すべきなのかを説明する

実は、課税当局は文書を大変好みます。会社が合理的な疎明資料を用意していれば、それが合理的なものである限り、尊重してくれます。そのため、督促・回収努力の記録を残すことが鉄則となります（図表5－13）。

以下、回収不能経緯説明書をサンプルで示すこととします（167頁記載例5－1）。このフォームは、経理担当者が財務責任者に報告して処理の承諾を得るものとなっています。中小企業であれば、経理担当者が、経営者に報告することになります。経営者が財務諸表で示す貸倒処理の内容を把握しておくことは当然ですが、そのためだけではありません。回収不能債権の私的着服などが生じやすいため、損失処理については、内部統制上の重要事項として経営者が知っておく必要があるのです。

❷　時効に準じた処理（法基通9－6－3）はどのような場合に使えるか

時効に準じた処理については、ここまで簡単に説明してきました。売掛債権についてのみ用いることができる特例で、最終取引から1年を経過している場合に、債権額から備忘価額1円を残して残額を貸倒処理できる扱いです。

ここでは、実務を考えてチェックポイントを挙げておきます（次頁図表5－14）。なお、同一地域の債務者の債権総額が取立てのための旅費を上回る場合、取引停止から1年以上経過していなくても、支払督促後弁済がない場合には、遠隔地取引の特例が認められています。この場合、取立費用が赤字になることに鑑みて、やはり、備忘価額による貸倒損失処理が認められています。

●第5章　不良債権の税務処理

> **図表5−14**　時効に準じた処理（法基通9−6−3）のチェックポイント

○対象債権は売掛債権か
　→売掛金や未収請負金などの売掛債権が対象であり、貸付金などの非売掛債権については、適用ができません。
○取引停止から1年以上経過しているか
　→最終弁済期つまり約定回収予定日がスタートです。また、途中で回収があれば、そこからカウントします。
○担保物がないか
　→担保物があれば、処分後でなければ適用できません。
○備忘価額1円を残して、損金経理しているか
　→伝票・帳簿・決算書で損金として計上していることが要件です。そして、備忘価額1円を残すのがポイントで、残さなければ、法基通9−6−3ではなく同9−6−2で処理したと扱われてしまいます。
○対象債権はスポット債権ではないか
　→継続取引が前提とされており、不動産取引のようなスポット取引は対象外とされています。

❸　例外として貸倒引当金が使えない法人

　貸倒引当金制度については，平成23年12月に税制改正が行われ、中小企業などを除いては、原則として貸倒引当金の設定ができなくなっており、現在は経過措置が認められているのみです。一括評価分は、利益留保性引当金といわれることもあり、やむをえない面があるでしょう。しかし、個別評価分については、そもそも貸倒損失の計上要件が厳格にすぎるため、その緩衝材として機能してきたことを考えると、明らかにいきすぎです。
　とはいえ、現状、貸倒引当金が設定可能な法人は、
・中小法人（資本金1億円以下で、かつ、資本金5億円以上の法人の100％支配でないもの）
・銀行
・保険会社等
・一定の金銭債権を有する法人（リース会社等）

に限定されています。これらの例外に該当しない上場企業など資本金1億円超の大法人は、すでに説明したような個別評価貸倒引当金をクッションとして用いる手法が使えませんので、注意が必要です。会計上貸倒引当金を設定しても、貸倒損失の要件が整うまでは、全額について、税務否認処理を行っておくほかありません。貸倒損失処理ができる段階で、貸倒引当金を取崩して貸倒損失計上するとともに、税務否認の取消し処理を行います。売掛債権等については、消費税の税額控除についても、この貸倒損失処理段階に行うことになるのは、既述のとおりです。

なお、上述の経過措置は、平成24年4月1日以後開始する事業年度以後、3期間について3分の1ずつ設定限度額が縮減する形でのみ認められているのみとなっています。

V 損金処理の法務上の留意点

回収不能懸念の高い債権への債権保全の失敗

法務関係者が、債権保全のためにやってしまう「失敗」があります。

それは、「回収できそうにない債権」について、債権保全策をとると、後で「税務上損失処理が困難な債権」になってしまうことです。

具体的には、売掛金を貸付金に切り替えする、債権を準金銭消費貸借契約とすることが典型です。

いうまでもなく、債権保全の意味としては、短期消滅時効にかかることを排除できることや、担保不動産の仮登記が可能になったり、金利を徴収できる可能性があります。だが、これらのメリットは、あくまでも「回収できる債権」である限りにおいて活きるのです。

つまり、最初からまず回収できそうにない売掛金について、準金銭消費貸

●第5章　不良債権の税務処理

借契約に切替えすると、税務上は2つの問題点を生じます。

❷　法人税における損金処理・消費税における税額控除処理の困難化

(1)　法人税における損失処理が困難になる

　売掛債権でなくなることで、備忘価額による時効に準じた貸倒処理が使えなくなります。短期消滅時効を排除する行為だけに、ある意味当然ですが、債権保全のつもりの行為が、逆に、税効果相当額分の実質的な債権の回収を阻害することになるという、皮肉な結果を生じます。

　回収可能性が不明な債権というのならともかく、回収可能性が最初からないような債権についてはやってはいけない、ということを理解すべきでしょう。

(2)　消費税の税額控除ができなくなる

　冒頭で説明したように、売上によって消費税額の先取りが生じているものを、回収不能による取消しで回収するというのは、前提が売掛債権であるからです。

　ところが、準金銭消費貸借契約により、債権の性質を転換してしまえば、もはや消費税の税額控除が行えなくなります。貸付金になる前が売掛金だったという事実は考慮されなくなるのです。

　このように、法人税法における損失処理が困難になり、さらに、消費税の税額控除も不可能になる事態は絶対に避けるべきです。

　しかし、法務関係者は「善意で」債権保全策を行って、貸倒処理を行うためのハードルを自ら上げてしまう場合があります。

　機械的に処理するのではなく、経営者に十分ヒアリングを行ったうえで対処するという基本事項に今一度立ち戻った対応が求められるといえるでしょう。

Ⅴ　損金処理の法務上の留意点

記載例5－1　債権回収不能経緯説明書

　山田産業株式会社
　財務部長　村木幸子様

債権回収不能経緯説明書

　　　　　　　　　　　　　　　　　　　平成26年1月10日
　　　　　　　　　　　　　　　　　　　山田産業株式会社
　　　　　　　　　　　　　　　　　　　営業部長　内藤一馬（印）
　　　　　　　　　　　　　　　　　　　担当　　　佐藤次郎（印）

　我社の債権のうち回収不能となったものが生じたため、この平成26年3月期で貸倒損失処理することをお許し頂きたく、ご報告申し上げます。
　（対象債権）
　・会社名　　　　　大阪中央株式会社
　・会社所在地　　　大阪市北区……
　・債権残額　　　　100万円
　・最終取引時期　　平成24年12月25日

　○取引と回収困難になるまでの経緯
　平成24年5月頃から、弊社営業佐藤がアプローチしており、数件少額の商談が行われていました。その後、比較的大きめの契約が成立して同年10月末に200万円の商品納入を行ったものの、支払約定日である同年11月末での支払いが行われませんでした。その後、平成24年12月25日に100万円の振込みがあったものの、その後の支払いが途絶えています。
　地域担当営業次長白井忠大所見では、得意先の倒産もあり、資金繰りは余り良くないようだが、払うとの解答がのらりくらり続いている状況とのことです。

　○回収努力の経緯
　H24/12/ 2　担当者（佐藤）電話　払うので待ってくれとの回答あり
　H24/12/10　担当者（佐藤）電話　一部だけでも近日中払うとの話あり
　H24/12/25　担当者（佐藤）現地行　100万円回収
　H25/ 1 /31　担当者（佐藤）現地行　払うので待ってくれとの回答あり
　　　　　　　（紙数の都合上、省略）
　H25/10/25　担当者（佐藤）電話　払うので待ってくれとの回答あり
　H25/12/26　担当者（佐藤）電話　払うので待ってくれとの回答あり

●第5章　不良債権の税務処理

　　○回収可能性についての担当者所見
　その後の同業者聞き込みなどにおいても、資金繰りがよくなく、回収については、トラブルが生じているとの話があり、回収はきわめて困難と判断します。回収遅延が生じてから1年以上の回収努力を行ってきたことから、このタイミングでの貸倒処理を検討すべきと思量しました。

　この平成26年3月期において、備忘価額1円を残した残額99万9,999円の貸倒処理を行うことをご許可願います。

　―――――――――――――――――――――――――――――――
　上記を踏まえ、貸倒処理を認める。
　　　　　　　　　　　　　　　　　　　　平成26年1月20日
　　　　　　　　　　　　　　　　　　　　山田産業株式会社
　　　　　　　　　　　　　　　　　　　　　財務部長　村木幸子　印

業種別事例紹介

第6章

●第6章　業種別事例紹介

Ⅰ　病　院

❶　意外と知られていない総合病院の未収金

　医療関係者の方にとっては、あたりまえのことかもしれませんが、病院、特に総合病院は多くの未収金が発生しています。読者の方で医療関係の方以外は、「えっ！治療してもらって払わないの？」と思われた方もいらっしゃるかもしれませんね。総合病院を中心に、医療機関は多くの未収金が発生しているのが現状です。厚生労働省でも検討が行われるなど、社会問題化しています。

　病院は地域になくてはならない社会インフラです。未収金により経営が行き詰まってしまっては、多くの方が困ることになります。筆者は多くの医療機関の未収金も対応していますが、まずは総合病院を中心に、医療機関の事例を紹介したいと思います。

❷　滞納者は何を考えているのか

　多くの方は治療をしてもらったら「先生、ありがとう」といってお支払いをするでしょう。では、なぜ治療費等の滞納者は滞納をしたのでしょうか。筆者の経験上、次のような理由があると思われます。

(1)　病院は儲かっている

　まず「病院は儲かっているから、これくらい支払わなくても困らないだろう」という意識を持っている滞納者がいるようです（図表6－1）。お医者さんは一般的に尊敬もされますし、収入も高いといわれていますね。私もよくお世話になっています。立派な病院の建物や設備を見ると、そういう気持ち

になるのかもしれません。そういった「あなたは儲かっているからいいでしょ？」というのは、本来であれば未払いの理由になりませんよね。しかし、人間は弱いですからそういったことも支払いを躊躇させる原因になるようです。病院関係の方々は、自分たちがそういう目で見られることもあるということを覚えておいてください。

(2) お金がない

　滞納の理由で一番多いのは金銭的に困窮しているということです。お金がないといわれると困ってしまいますね。しかし、少し落ち着いて考えてみてください。お金がないなら、どうやって滞納者たちはご飯を食べているのでしょうか。病院関係の請求では病院側の意向により、無理に一括請求を求めることは少ないです。分割でもいいから少しずつでも支払ってほしい、という要望してくる病院さんが多いです。極端な話でいえば500円ずつでもいいわけですが、そういう条件を出してもらっても支払わないのはやはり甘えでしょう。そういう甘えの根底には「病院は儲かっている」という意識が見え隠れするように思います。

(3) クレームがある

　滞納の理由としては、数は少ないですがクレームというものもあります。

図表6－1　滞納者の意識

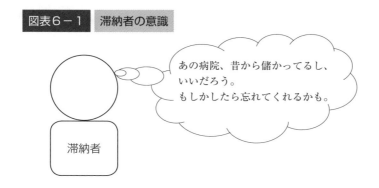

複雑な医療過誤等であれば少額債権の回収の範囲外ですが、細目に意向確認をすることが大切になりますね。

❸ 病院側の問題点

滞納が多くなっているのは病院側にも問題があります。具体的には次のとおりです。

(1) 意識の問題

病院スタッフの方々は、医療に対する意識は強いですが、未払いについての意識はあまり持ち合わせていない方が多いようです。忙しい医師や看護師の方々にあまり強く求めるのは、難しいかもしれませんが、少し意識してもらうだけでもかなり変わってくるでしょう。

苦しんでいる患者を救いたいという想いは尊いものですが、未収金が問題となって病院が破たんすると、多くの患者の方が困ることになります。病院は存続する必要があるのです。優先順位の低い問題ではありません。

(2) 責任の所在があいまい

総合病院において未収金対策の中心となってくるのは、医事課や経理課の方々です。かなり大きな総合病院さんでも未収対策の専門スタッフをおいている病院は少数派で、医事課や経理課の方々が何らかの担当業務の片手間でやっている病院が多いのではないでしょうか。

財務的な理由で、専門人員を配置するのは難しいかもしれませんが、少なくとも「誰が責任を持って対応するのか」を決めておくべきです。

(3) 法的処置をとらない、とったことがない

歴史が何十年とある病院でも、未収金の回収のために裁判まで行ったことがないという病院が多くある印象です。なかにはどういう督促をするのかという規定がないため、督促状すら送っていないという病院もありました。

病院は、地域に根差したビジネスですから、未収金に対して対応が甘いとあっという間に話が地域に回ってしまいます。だんだんと「あそこの病院は払わなくてもよい病院だ」というと少し極端ですが、そういった認識を地域住民が持ってもおかしくないと思います。払っている患者さんがいる一方で、支払わない患者さんがいることは、平等性でも問題がありますから、ときには毅然と対応することが必要です。

(4)　窓口対応の甘さ

　総合病院では、診療が終わると会計窓口で支払いの手続を行うことになります。みなさんも経験があると思いますが、総合病院ですと診療だけを受けてそのまま帰ってしまうことも物理的に可能です。あまり滞納者が止められている光景をみたことがありませんよね。入口もたくさんあり、多くの方がつめかけていますから、支払いをしていない方を特定するのは難しいのかもしれません。それでも過去の履歴などから、滞納をしていても繰返し診療に訪れている患者には、来院した段階や支払いの段階で声掛けするなどの対応が必要になるでしょう。これが徹底している病院はまだまだ少ない印象です。

❹　支払督促を多用したケース

(1)　背　景

　総合病院Ａは、今まで未払いの医療費について回収を行ったことがなく、その年だけで1,000万円近く未収金が発生していました。従前は何ら対策をとることなく、うやむやになっていたそうですが、ここにきて本腰をいれて対策に乗り出すことになりました。
　そんななかで筆者に声がかかったのですが、金額も数十万円単位のものが複数あり件数も100件近いという問題がありました。

(2)　選択した手続

　筆者が選択したのは、まず滞納者全員に司法書士名で普通郵便で督促状を

● 第6章　業種別事例紹介

送付し、それでも反応してこない相手方には支払督促（記載例6-1・6-2）で対応するというものです。

記載例6-1　支払督促状

〒〇〇〇-〇〇〇〇　　　　　　　　　　　　　平成〇〇年〇月〇日
大阪市中央区〇〇一丁目1番1号　　〒540-0026
佐藤太郎様　　　　　　　　　　　　大阪市中央区内本町一丁目1番〇号
（患者NO.：〇〇〇〇）　　　　　　　司法書士法人F＆Partners
　　　　　　　　　　　　　　　　　司法書士北詰健太郎
　　　　　　　　　　　　　　　　　TEL：06-6944-533〇

　　　　　　　　　　　受任通知兼請求書

　冠省　当職は医療法人Aより、貴殿に対する未払い治療費等について、法的手続きを含めた諸行為（回収及び債権管理）を受任いたしましたので、通知いたします。
　金額をご確認の上、本書到達後7日以内に下記金額を下記に記載した当法人名義の銀行口座にお振込みください。
　なお、支払い方法、債権の内容等に、ご相談やご質問がありましたら、遠慮なく当事務所までお電話にてご連絡ください。
　万一、本書と行き違いにお支払い済みの場合には、深くお詫び申し上げます。
　　　　　　　　　　　　　　　　　　　　　　　　　　　　　　　草々

債　権　額：　　　　　　　　　　金〇〇円
患者NO.：　　　　　　　　　　　〇〇〇〇

振込先口座　　　東京さわやか銀行　大阪支店
　　　　　　　　普通　〇〇〇〇
　　　　　　　　司法書士法人F＆Partners
お振込みの際には、振込人欄に必ず貴殿の患者NO.を入れてください。

　本件で支払督促を選択した理由は、まず第1に病院の持つ地域性です。通信販売のように北海道の人が、沖縄の会社の商品を購入するということはあまりありません。多くの場合、総合病院の一定の範囲に居住する人たちが利用することとなります。**第4章**で記載したとおり、支払督促の管轄は債務者

の住所地を管轄する裁判所となり、督促異議が出されて裁判に移行した場合、その裁判所で裁判を行うことになります。本件は、筆者が司法書士として代理して督促することを依頼されていましたが、筆者が活動する地域の総合病院からの依頼でしたので、管轄の問題はクリアできると判断しました。

　第2に本件はすべて争いのない案件であったことです。本件は件数も多く、証拠の添付が病院側にも負担になるだろうという配慮から、証拠の添付が不要な支払督促を選択しました。

記載例6-2　支払督促（請求の趣旨および原因）

請求の趣旨及び原因

請求の趣旨
1．金〇〇〇〇円
2．上記金額に対する平成〇〇年〇月〇日から完済まで，年5％の割合による遅延損害金
3．金〇〇〇〇円（申立手続費用）

請求の原因
1．債権者は外科，内科等を運営する総合病院を経営しており，債務者は，債権者の経営する病院にて，治療及び入院処置を受けた患者である。
2．債務者は，平成〇〇年〇月〇日，債権者の経営する病院で手術を受け，平成〇〇年〇月〇日まで入院した。
3．上記2に記載した手術で発生した費用は，金〇〇円であり，入院費用は金〇〇円であった。支払期限は，平成〇〇年〇月〇日であった。
4．平成〇〇年〇月〇日は経過した。しかし，債務者は，債権者の再三にわたる請求にも関わらず支払いを行わない。
5．よって，本申立をする次第である。

以上

---

(3) 消滅時効のリスク

　本件は、相当古い債権も含まれており、支払期限から5年が経過したものもありました。治療費の請求債権の消滅時効が、一般的に3年とされていますから（民法170条）、請求したのはいいものの、消滅時効を主張されるリス

クはありました。しかし、筆者の経験上消滅時効を主張されることは多くありません。本件で結局主張されることはありませんでした。

(4) 本件の顛末

本件は、司法書士名の督促状の送付の段階で約半分の滞納者が反応してきました。この段階で和解できるものは和解を行い、残った滞納者に絞って支払督促を一斉に申立てしました。

支払督促の対象となった、多くの滞納患者が反応してきました。支払督促に驚いて一括で支払ってきた滞納者もいましたし、督促異議を申し立ててきて、訴訟上で分割払いの和解を行った滞納者もいました。およそ3か月ほどですべての滞納者に対して、ほぼ手続が完了しました。

❺ 手術代を踏み倒されたケース

個人クリニックBは、ある特殊な外科手術を行うクリニックでした。ある患者の手術を行ったところ、退院時に「今はお金がないので支払えない」といわれ、やむをえず支払いを後日にする合意をしました。

しかし、結局支払いは一切行われず、困り果てた院長が筆者に債権回収を依頼しました。

(1) 選択した手続

本件は、債権金額が約8万円でした。そのため訴訟は少し考えにくかったのですが、未払いに対しては毅然として対応した、という意向であったため、内容証明郵便（**記載例6-3**）送付後、通常訴訟を行うこととしました。

(2) 内容証明郵便の不送達

依頼を受けてすぐに内容証明郵便を送付しましたが、宛所不在で返却されてきました。住民票の取得に動きましたが、住民票上転居の記載はなく、内容証明郵便の送付先の住所のままでした。

記載例6-3　内容証明郵便

通知書

冠省　当職は、○○診療所こと山田太郎氏（以下、「依頼者」といいます。）より貴殿に対する手術費等の請求について法的手続きを含めた諸行為（回収及び債権管理）を受任している司法書士です。

　貴殿は依頼者に対して、貴殿が平成○○年○月○日に受けた手術の費用8万円を、平成○○年○月末日を期限として全額支払う約束をしていますが、依頼者の再三の請求にも関わらず、未だに支払われておりません。

　金額をご確認の上、本書到達後7日以内に下記金額を下記に記載した当法人名義の銀行口座にお振込みください。

　お支払いについてご質問やご相談等がございましたら、遠慮なく当職までご連絡下さい。

　なお、本書と行き違いにお支払いがお済みの場合には深くお詫び申し上げます。

記

　　　　　　　　　　　請求金額金8万円
　　　　　　　　　　　東京さわやか銀行　大阪支店
　　　　　　　　　　　普通　○○○○
　　　　　　　　　　　司法書士法人F＆Partners
　　　　　　　　　　　　　　　　　　　　　　　　以上

　お振込みの際には、振込人欄に貴殿の名前を入れてください。
　なお、今後のご連絡は下記代理人までお願いします。
平成○○年○月○日

○○診療所こと山田太郎
上記代理人
（差出人）
大阪市中央区内本町一丁目1番○号
司法書士法人F＆Partners
司法書士北詰健太郎
電話06-6944-533○
大阪市○○区○○一丁目1番1号
佐藤次郎殿

(3) 現地調査

筆者はすぐに滞納者の住所地にいき、現地調査を行いました。マンションの1室で、外から部屋を見ると、夜ではありましたが、電気がついておらず真っ暗でした。管理人さんに確認したところ、少し前に引越しをしたということがわかりました。

(4) 本件の顚末

完全に行方不明となると債権の回収は難しいため、どうしようかなと考えていましたが、ある弁護士から、滞納者がその弁護士に依頼して破産手続を行う旨の連絡がありました。

本件については回収を断念するということになりましたが、その旨を院長に連絡したところ、支払ってもらえるか否かがわからない状況から決着がついたため、「すっきりした」といわれました。債権回収をきっちりやることで、回収できるのか否かがはっきりしますから、債権者としても精神的にも次に向かいやすくなるという効果があるようです。

❻ 歯科治療費の未払いのケース

歯科クリニックを営む医療法人Cは、ある滞納者のインプラント手術の代金数万円が未払いのままとなっていました。院長は最初あまり気に留めていませんでしたが、年月が経過するにつれて、このままいつまでも未払いのまま残しておくわけにはいかないという理由で、筆者に債権の回収を依頼しました。

(1) 選択した手続

本件は、滞納者と医療法人が同じ地域に存在しており、筆者の活動地域でもあったことから、内容証明郵便送付後、支払督促（記載例6-4）を選択しました。ただ、すでに消滅時効の期間が経過しているため、消滅時効を主張されるリスクを院長に説明しました。

(2) 内容証明郵便の送付

内容証明郵便を送付したところ、滞納者の両親から連絡があり「こんな昔の請求をしてくるなんて失礼だ」という趣旨の反論を受け、交渉の余地はないと判断し、支払督促を申し立てました。

記載例6－4　支払督促（請求の趣旨及び原因）

> 請求の趣旨及び原因
>
> 請求の趣旨
> 1．金〇〇〇〇円
> 2．上記金額に対する支払督促送達の日の翌日から支払済みまで年5％の割合による遅延損害金
> 3．金〇〇〇〇円（申立手続費用）
>
> 請求の原因
> 1．債権者は歯科診療所を経営しており，債務者は，債権者の診療所にて，平成〇〇年〇月〇日から平成〇〇年〇月〇日まで診療を受けた。
> 2．債務者が債権者に支払うべき診療報酬は，計〇〇〇〇円であるが，債務者は，金〇〇〇〇円を支払ったのみで，債権者の度重なる催告にもかかわらず債務者は残額の金〇〇〇〇円を支払わない。
> 3．よって，本申立をする次第である。
>
> 以上

(3) 本件の顛末

本件は、相手方が弁護士を選任してきました。弁護士が選任された時点で、「あっこれは消滅時効の主張をされるな」と思っていたところ、やはり相手方弁護士は時効を主張してきました。これにより請求はあきらめざるをえなかったのですが、筆者としては弁護士に依頼する費用よりおそらく治療代の方が安かったはずなので、滞納者としては支払ってもよかったのではと考えているのですが……。

❼ 従業員に対する貸付けを回収したケース

　医療法人Ｄは、スタッフが看護師資格を取得するために看護学校の費用を医療法人が貸し付ける奨学金制度を設けていました。こうした制度を設けている医療法人は多いようですね。しかし、奨学金をもらって看護師資格を取得したにもかかわらず、契約に違反して医療法人Ｄでは勤務せず別の病院で働いているという者が複数いることが判明し、しかも奨学金の返済もしていないことが発覚しました。結構な金額になっており、困った担当者の方が筆者に債権回収を依頼してきました。

(1)　選択した手続

　滞納者全員が別の医療機関で働いていることがわかっていたので、おそらく内容証明を送付したら、全員支払いを行うだろうという見込みがありました。もしそれでも無理であれば、通常訴訟を行うこととしました。

(2)　内容証明郵便の送付

　医療法人Ｄに届け出ていた住所地に内容証明郵便を送付したところ、１人を除き全員に対してすぐに配達されました。配達されなかった１人については、さまざまなツテをたどり、現在働いていると思われる病院宛に内容証明郵便（記載例６－５）を送付しなおしましたが、すでに退職していたようで、配達されませんでした。その滞納者については回収を断念することとしました。

Ⅰ　病　院

記載例6-5　内容証明郵便

> 通知書
>
> 冠省　当職は、医療法人D（以下、「依頼者」といいます。）より貴殿に対する奨学金の貸付債権の請求について法的手続きを含めた諸行為（回収及び債権管理）を受任している司法書士です。
> 　依頼者は、貴殿からの申し込みにより、貴殿が看護師資格を取得するために必要な奨学金を貸付けました。その総額は金○○万円となっていますが、貴殿は依頼者からの再三にわたる請求にも関わらず未だにその支払いをしておりません。また、貴殿は依頼者からの奨学金により取得できた資格を利用して、看護師として別の医療機関で勤務していることがわかっています。こうした貴殿の対応は到底承服しかねるものです。
> 　つきましては上記金額を本書面到達後7日以内にお支払ください。お支払が無い場合には、法的処置をとることになります。
> 　取り急ぎご通知申し上げます。
>
> 草々
>
> 平成○○年○月○日
> 医療法人D
> 上記代理人
> 大阪市中央区内本町一丁目1番○号
> 司法書士法人F&Partners
> 司法書士北詰健太郎
> 電話06-6944-533○
> 大阪市○○区○○一丁目1番1号
> 佐藤花子殿

(3)　本件の顛末

　内容証明郵便が配達された滞納者からはすぐに連絡がありました。いずれも20歳ほどの若い人であったことから、滞納者の両親から連絡がありました。「申しわけなかった」と繰り返していましたが、「それなら最初から払えばいいのに」と思いました。依頼者からは何度も請求しているはずなのですが……。
　和解書締結に際しては、両親にも連帯保証人になってもらい和解書（記載

●第6章　業種別事例紹介

例6-6）を締結しました。

記載例6-6　和解書

和　解　書

　　医療法人Ｄ（以下「甲」という）と、佐藤花子（以下「乙」という）との間で、平成○○年○月○日、協議により以下のとおり和解した。
　第1条　　乙は、甲に対して、奨学金の返済債務として金○○○○円の支払債務があることを認める。
　第2条　　乙は甲に対し、第1条に定める金○○○○円を下記のとおり甲指定口座へ振込送金にて弁済期日までに遅滞なく弁済するものとする。なお、支払いに要する費用は乙の負担とする。
弁済期日及び期間　　　平成○○年○月末日より平成○○年○月末日まで毎月末日限り計○回に分割して弁済する。
　　　　　　　　　　　但し、弁済期日が休日又は祝日にあたる場合は翌営業日を期日とする。
弁済内容　　　初回から○回目　　○○○○円
　　　　　　　最終回　　○○○○円
振込口座　　　東京さわやか銀行　大阪支店
　　　　　　　普通　　○○○○
　　　　　　　司法書士法人Ｆ＆Partners

　第3条　　乙が第2条の弁済を2回分以上怠ったとき、または最終回の弁済を怠ったときは、当然に期限の利益を喪失し、そのときにおける残元本に対し、期限の利益を喪失した日の翌日から完済に至るまで年○％の遅延損害金を付して一時に弁済するものとする。
　第4条　　甲及び乙は、原契約に関し、本和解書に定めるほか何ら債権債務がないことを相互に確認する。
　本和解の証として本書2通を作成し、甲乙双方が各1通を保管するものとする。
（甲代理人）　　大阪市中央区内本町一丁目1番○号
　　　　　　　　司法書士法人　Ｆ＆Partners
　　　　　　　　司法書士北詰健太郎（認定番号　第○○○○号）
（乙）
　　　　　　住　所　大阪市○○区○○一丁目1番1号
　　　　　　氏　名　佐藤花子　　　　　　　　　　印
　私は、乙の本書に定める支払債務を連帯保証いたします。

Ⅰ 病院

```
連帯保証人
        住　所　大阪市○○区○○一丁目1番1号
        氏　名　佐藤太郎　　　　　　　　　印
```

❽　現在入院中の患者に対する督促

　医療法人Ｅは、長期入院している患者Ｘの滞納に悩んでいました。滞納するとわかっている以上、他の病院に移ってもらうこともできませんし、家族が引取りに前向きではなかったからです。こうしている間にも滞納している治療費や入院費は積み重なっていきました。
　困り果てた担当者は筆者に債権回収を依頼してきました。

(1)　選択した手続

　筆者は、入院の際に連帯保証人として入院申込書に署名した家族に内容証明郵便（記載例6－7）を送ることにしました。そのうえで、交渉を行い患者Ｘの引取りと滞納治療費等の支払の合意を取り付けることとしました。

(2)　内容証明郵便の送付

　筆者は、連帯保証人である家族に内容証明郵便を送りました。するとすぐに家族から連絡があり、「話合いをしたい」と申し出てきました。

記載例6－7　内容証明郵便

通知書

　冠省　当職は、医療法人Ｅ（以下、「依頼者」といいます。）より貴殿に対する、貴殿のご家族であるＸ氏の滞納治療費等の請求について法的手続きを含めた諸行為（回収及び債権管理）を受任している司法書士です。
　　Ｘ氏は、平成○○年○月○日から現在に至るまで依頼者の運営する病院に入院しておりますが、必要となる治療費、入院費については一切お支払いをい

> ただけておりません。その合計額は金○○円となっており、X氏が入院を継続する以上、今後も発生していく予定です。貴殿はX氏の治療費等の支払債務について連帯保証しておられますので、X氏が滞納している治療費等は貴殿にも請求致します。
> 　当職としては、直ちに法的処置をとり、貴殿に請求を行ってもよいのですが、お話合いにより本件は解決したいと思慮しております。
> 　つきましては、本書面をご覧になられましたら当職までご連絡ください。
> 草々
>
> 平成○○年○月○日
> 医療法人E
> 上記代理人
> 大阪市中央区内本町一丁目1番○号
> 司法書士法人F＆Partners
> 司法書士北詰健太郎
> 電話06－6944－533○
> 大阪市○○区○○一丁目1番1号
> 佐藤花子殿

(3) 本件の顛末

　病院側からの問合せには、まともにとりあわなかった家族ですが、筆者が介入することで真剣に向き合う気持ちになったようです。本件は、家族が引き取り、発生している滞納治療費等については分割で支払いを行うことで決着がつきました。

　今後、高齢者社会が進んでいくなかでこうした問題は確実に増えていきます。病院側でもしっかり家族の情報をヒアリングするなどの対応が必要でしょう。

❾ 入院関係書類の作成ポイント

　入金患者を受け入れる際には、「入院申込書」（記載例6－8）など何らかの書面を取得する病院が多いと思います。筆者は数多くの書類を見てきましたが、「もう少しここを改善したほうがよいのでは…」と思う書類も多くあります。

　次の点に注意して作成するといいでしょう。

（1）保証人か連帯保証人か

　入院申込書等に債権保全のために保証人を求める病院が多くありますが、「連帯保証人」としたほうが債権回収上はよいといえます。また書面により「保証人」となっていたり、「連帯保証人」となっていたりして、統一感がないものも存在します。これらは統一しておかないと、仮に裁判になった場合にはどちらの立場なのか不明確となってしまいます。

（2）勤務先を書いてもらう

　給与債権を差し押さえることを想定して、勤務先は詳しく書いてもらいましょう。銀行口座はなかなか書いてもらえないかもしれませんが、勤務先であれば書いてくれることも多いと思います。勤務先の名前のほか、住所や電話番号も書いてもらいたいところですが、難しければ最低限名前は書いてもらえるようにします。

　以下に入院申込書の記載例を掲載しておきます。しつこいぐらい勤務先の記入を求めていますが、読者の方の実情にあわせてご使用ください。

記載例6-8　入院申込書

```
                    入院申込書
【患者】
患者住所 _____
患者氏名 _____
明・大・昭・平　　年　　月　　日生（　　才）
電　話 _____
勤務先 _____

　貴院に入院を希望致しますので申し込みます。発生した治療費、入院費等は必ずお支払いたします。
平成　　年　　月　　日
申込人住所 _____
申込人氏名 _____　㊞
```

●第6章　業種別事例紹介

```
勤務先
　私は、患者および申込人の負担した貴院に対する入院費、治療費等の一切の
支払債務について連帯保証いたします。
（連帯保証人）
住所
氏名　　　　　　　　　　　　　　　　　㊞
勤務先
医療法人E　　〇〇病院殿
```

❿　病院・診療所の未収金管理と会計・税務

(1)　基金分の未収管理と窓口分の未収管理

　病院・診療所の未収金には、基金分と窓口分があります（以下、図表6－2参照）。通常、現場では窓口分の未収のみを未収金と呼んでいるようです。ただ、これは、基金分を未収管理の対象とする必要がないとの思込みが背後にありそうです。

　基金分については、請求ミスや基金による査定が行われることで生じる、査定返戻によるロスもまた、未収管理の1つと考えるべきです。基金が査定することで請求額より回収額が減少する「査定減」はやむをえないもの、手続ミスで再度請求しなおしが必要になるため入金されなかった「返戻額」は、時期の問題にすぎないという医療機関が多々あります。

　査定減については、金額次第では割り切るケースがあるのはまだ理解できるのですが、返戻額の放置は看過できません。というのも、返戻額が未入金状態ということは、それだけ資金が寝てしまっていることになるからです。その分の資金調達コストが医療機関には必要になっているのであり、再度請求しなおせばもらえるからよい、という話ではないことを現場にきちんと理解させる必要があります。

図表6-2　基金分の未収管理と窓口分の未収管理

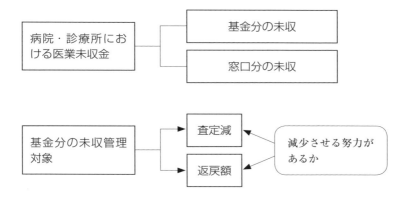

　また、これらを見過ごしたために、不正請求監査が入る一歩手前だった医療機関も存在します。可能であれば、内容の精査を行うべきですが、それが困難な場合でも、前年平均の返戻率・金額の範囲に収まっているかなどの、異常性管理は行うべきです。おかしい場合には、ドクターの意見を求めることで、思わぬミスや問題点が発見されることがあるからです。

(2)　窓口未収の会計管理

　最近はレセコンの導入で、未収残の内容を確認しない医療機関も増えているようです（次頁図表6-3）。会計上の窓口未収残の金額と、レセコンの窓口未収残の金額とを合わせることが第一歩ですが、システム的に、これが簡単にできない場合もみかけられます。

図表6-3　窓口未収の会計管理

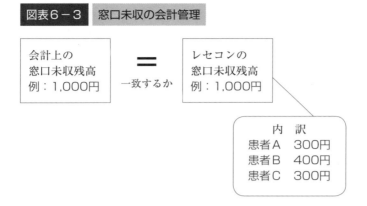

その場合、当然、人間が手作業で照合を行うしかありませんが、日々の業務に忙殺されて、これができていない医療機関もよく見かけます。結果的に、滞留を放置しがちになり、未収金の大量発生原因となってしまうことがあります。以前の窓口1割負担時代の「どうでもいい」意識が、3割負担時代になった今でも残っていると思しき医療機関があります。

残高の患者別内訳を毎月の会計残高と照合し、未収発生状況をミクロ的に発見できるようにすべきです。そして、少なくとも3か月に1回は、未収の状況を経営者に報告して、個々の患者ごとの対応を検討すべきです。現場での連携ができれば未収の額は減るというのは、周知のとおりです。

また、このようなミクロ的管理だけでなく、マクロ的な管理も重要です。医業未収金の各月残高を平均医業収益月額で除して、医業未収金が何か月分の残高があるかを見ます。これを回転月数分析（図表6-4）と呼びます。

この際、基金分は2月で回収できるのが通常であり、窓口分を含む以上、この回転月数が2月を超えることは、通常ありえません。直近の収益だけが異常に高かった場合などを除けば、2月にきわめて近い数字が出るあるいは2月を超えてしまう事態は、窓口未収の滞留あるいは基金未収整理が不十分である可能性を示唆します。

会計面からの医業未収の残高管理については、このようなミクロ・マクロ

図表6-4　回転月数分析

平成26年4月～平成27年2月　医業収益累計	11,000,000	円
平成27年2月末　医業未収残高	1,800,000	円
回転月数	1.8	月

の管理とその結果による現場連携が特に重要です。

(3) 窓口未収の税務処理

窓口未収の税務処理については、大きく分けて2つの問題があります。

① 窓口未収の不徴収

まず、窓口で自己負担分を徴収しないということは、いわゆる療担規則違反となることは有名ですが、現実にはさまざまな理由でこれが行われています。

ⅰ）従業員等に対する自己負担分を徴収しないことは、税務上は、通常福利厚生費処理が可能です。特定者のみに偏っている場合には、給与課税の対象とされることもあります。

ⅱ）従業員等以外に対して自己負担分を徴収しないことは、交際費等として処理されることが通常です。

重要なことは、徴収しないからといって処理を何もしないのではなく、対応する窓口収入をきちんと計上しておくことです。この計上漏れは、税務調査における重要論点の1つです。窓口収入の現金を脱税する手法は昔から後を絶たないからですが、心しておきたいところです。

なお、療担規則違反にならないようにするためには、従業員等の場合であっても、いったん本人から徴収して、給与支給時などにまとめて振り込む手法をとることが望ましいといえます。

② 貸倒処理

すでに本書で述べているように、貸倒処理については、発生から1年を経

過した段階における備忘価額処理を行うことが基本となります。ただし、この処理を行うにあたっては、経理担当者の独断で行うのではなく、必ず医師の承認を得て行うべきです。それは、この貸倒処理が、不正着服された未収金の仮装隠蔽処理となっていることがあるからです。当然ですが、何でも安易に貸倒処理をするのではなく、回収可能性について、医療機関内部で十分な検討が必要でしょう。

　もう1つ、消費税の税額控除の観点から、未収残高については、保険分か保険外かの区別をきちんと行っておくべきでしょう。税額控除ができるのは、保険外分つまり自費診療収入や文書料などについてだけです。また、税額控除は、発生時の税率によりますので、発生時期によっては、5％税率分と8％税率分の区分が必要になります。

Ⅱ　老人ホーム

❶　増加する老人ホームの未収金

　高齢社会を迎え、老人ホームを利用される方も多くなってきました。そうしたなかで老人ホームで発生する未収金も増加しているようです。老人ホームの未収金は病院の未収金に似ている部分もありますが、相続の知識が必要になるなど、少し学習が必要です。

❷　なぜ老人ホームの未収金が発生するのか

(1)　本人が死亡している

　老人ホームでは入居者の方がお亡くなりになられることがあります。こうなってしまいますと、当然本人には請求できません。家族関係等のヒアリングが不十分だとご家族と連絡がとれず未収が発生してしまうということがあ

ります。

　また生存中に滞納が開始した場合でも、意思能力が低下していたりすると支払いの交渉もできなくなります。

(2) 連帯保証人に資力がない

　入居の際に、連帯保証人や身元保証人を求められる施設も多いと思いますが、その保証人の資力がないために未払いとなることもあります。資力がないどころか、入居者の方の財産をあてにして働いていないというケースも少なくありません。入居の際には一定の審査が必要になると思います。

(3) 意識の問題

　老人ホームで働いているスタッフの方々は、未収に対する意識はあまりお持ちになられていない印象です。やはり病院と同じように担当者をしっかり定める等、意識付けを強化することが必要でしょう。

❸　相続人に請求した事例

　老人ホームAは、入居者であったXに対して金100万円近くの未収金が発生していました。人道的な理由から退去を求めるわけにもいかず、連帯保証人となった家族にも連絡がとれない状況でした。そうしたなかでXが亡くなりました。困った担当者は、筆者に債権回収を依頼してきました。

(1) 相続人に請求する

　人が死亡すると、その相続人に死亡していた人が持っていた資産と負債は受け継がれます。そのためXが滞納して未収金については、その相続人に請求できます。死亡した人を、相続される人という意味で「被相続人」、相続した人を「相続人」といいます。

　相続分は民法で定められていて、仲が良かったであるとか同居していたなどでは異なりません。

●第6章　業種別事例紹介

　民法上、相続順位は①直系卑属（子、孫など）②直系尊属（親、祖父祖母）、③兄弟姉妹の順番になります。なお、配偶者は常に相続人となり、①～③のいずれと相続するかにより、相続分が異なってきます。具体的には**図表6-5**のとおりです。

図表6-5　相続順位

	相続分	
①　直系卑属と相続した場合	直系卑属1／2	配偶者1／2
②　直系尊属と相続した場合	直系尊属1／3	配偶者2／3
③　兄弟姉妹と相続した場合	兄弟姉妹1／4	配偶者3／4

　同順位の相続人が複数いる場合には、原則として同順位の相続人の頭数で、割り当てられた相続分を分けることになります。たとえば、相続人として子が2人と配偶者がいるケースでは、子は4分の1（1／2×1／2）ずつ相続分を有することになります。配偶者の相続分には影響はありません。

(2)　本件の場合

　本件の場合、相続関係は**図表6-6**のようになっていました。
　長男が本人と近しい関係にあったようで、本人の入居に際して連帯保証人になっていました。次男とは老人ホーム側の人間も会ったことがないらしく、またXの妻は高齢で、本件の請求をしてもうまく理解はできないだろうということがうかがわれました。

(3)　戸籍を取得する

　本件のように相続人に対して請求するには、相続人が誰かを特定しなければなりません。

Ⅱ 老人ホーム

図表6-6　本件の相続関係

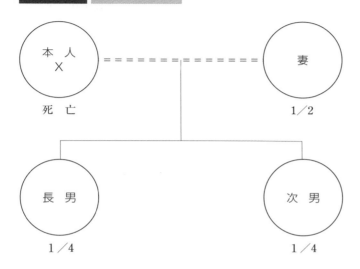

　入居の際に届け出ている連絡先に連絡をとることも1つの手段ですが、音信不通になることもありますし、他の相続人に請求したい場合もあります。その場合は相手方の戸籍や住民票を取得して、調査する方法があります。

　他人の戸籍を勝手に取得することは、原則として認められませんが、一定の場合には例外が認められています。まず弁護士や司法書士が正当な業務行為において、請求する場合です。またそれ以外の方でも、貸したお金を返してもらいたいが、相手方が知っている住所から転居して、行方がわからなくなっているなど、権利を行使するのに必要な場合です（住民基本台帳法12条の3第1項、戸籍法10条の2第1項）。後者の場合、債権債務の関係があることがわかる書類等を添付して請求することになります。詳しくは各自治体のホームページを参照してください。老人ホームなど高齢者が顧客となるビジネスでは、こうしたことも必要なノウハウの1つになってくるはずです。習得しておくとよいと思います。

(4) 本件について

本件については、訴訟を行うことを前提として戸籍により相続人を特定したうえで、長男、次男を中心として請求を行うこととしました。Xの妻については、高齢ということもあり、請求されてもあまり理解できないだろうということと、精神的にショックをあまり与えてもいけないという配慮から、いったん督促状の送付は見送ることとしました。

送付した内容証明は記載例6－9のとおりです。

記載例6－9　内容証明郵便

通知書

　冠省　当職は、老人ホーム○○の運営法人株式会社○○（以下、「依頼者」といいます。）より、貴殿の御尊父でいらっしゃいますX氏に対して発生した債権の請求について委任を受けた司法書士です。
　X氏は、平成○○年○月○日から依頼者の運営する老人ホームへ入居し、平成○○年○月○日お亡くなりになられました。その間の利用料金等金○○円が未払いとなっております。貴殿は、X氏の相続人であり、上記代金中、金○○円分の支払債務を相続しておられます。
　つきましては、本書面において貴殿に対して金○○円の請求をさせていただきます。本書面到達後1週間以内にお支払いをお願いします。
　　　　　　　　　　　　　　　　　　　　　　　　　　　　　　　草々

平成○○年○月○日
株式会社○○
上記代理人
（差出人）
大阪市中央区内本町一丁目1番○号
司法書士法人F＆Partners
司法書士北詰健太郎
電話06－6944－533○
大阪市○○区○○一丁目1番1号
佐藤太郎殿

(5) 本件の顚末

　本件は、内容証明送付後、すぐに相続人から電話があり、支払いを受けられることとなりました。支払う必要があることはわかっていたが、支払いの負担について家族で話がついていなかったようです。こうした場合に司法書士名で内容証明郵便を送ることで、話合いの決着を後押しした形になったようです。

(6) 相続人に請求する場合に注意すること

　相続人に請求する場合に注意することは次のとおりです。

① 相続に関する法律知識をこちらが理解しておく

　相続人のなかには、どうして自分が債務を引き継がなければならないのか理解しきれていない人もいます。そうした場合に、こちら側が法律知識をある程度説明して、相続人に教えてあげる必要がでてきます。インターネット等でも簡単に調べられますから、知識を整理しておくとよいでしょう。弁護士や司法書士に依頼して研修をしてもらってもいいと思います。

② 相続放棄について

　相続人には、相続開始後一定期間以内（3か月以内）であれば、被相続人から一切の資産や負債を引き継がない、相続放棄（民法915条）という手続をすることが認められています。相続人が家庭裁判所に申立てをすることにより手続を行うのですが、これをされると相続放棄をした相続人には請求することができません。記載例6-10（次頁）のような書面を家庭裁判所に提出して行います。

●第6章　業種別事例紹介

| 記載例6-10 | 相続放棄申述書 |

受付印	相　続　放　棄　申　述　書
	（この欄に収入印紙800円をはる。）
収入印紙　　　　円	
予納郵便切手　　　円	（はった印紙に押印しないでください。）

| 準口頭 | | 関連事件番号　平成　　　年（家）第　　　号 |

| 　　　　　家庭裁判所
　　　　　　　　　御中
平成　　年　　月　　日 | 申述人
〔未成年者など
の場合は法定
代理人
の記名押印〕　　　　印 |

| 添付書類 | ※具体的な添付書類については、手続の説明書ページの「相続放棄の申述の際に必要な添付書類」をご覧ください。 |

申述人	本　籍	都　道 　　　　府　県		
	住　所	〒　　－　　　　　昼間に連絡の取れる（携帯）電話番号 　　　　　　　　　　（　　） 　　　　　　　　　　　　　　　　　　　（　　　　方）		
	フリガナ 氏　名		大正 昭和　年　月　日生 平成	職業
	被相続人 との関係	※ 　　1　子　　2　孫　　3　配偶者　　4　直系尊属（父母・祖父母） 被相続人の……… 　　5　兄弟姉妹　　6　おいめい　　7　その他（　　　）		

Ⅱ　老人ホーム

法定代理人等	※ 1 親権者 2 後見人 3	住所 〒　－　　　電話（　） （　　　　　　　　方）	
		フリガナ 氏　名	フリガナ 氏　名

被相続人	本　籍	都道府県	
	最後の住所		死亡当時の職業
	フリガナ 氏　名		平成　年　月　日死亡

(注)　太枠の中だけ記入してください。※の部分は、当てはまる番号を○で囲み、被相続人との関係欄の7、法定代理人等欄の3を選んだ場合には、具体的に記入してください。

申　述　の　趣　旨

相続の放棄をする。

申　述　の　実　情

※　相続の開始を知った日………平成　　年　　月　　日
1　被相続人死亡の当日　　　3　先順位者の相続放棄を知った日
2　死亡の通知をうけた日　　　4　債権者からの通知があった日
5　その他（　　　　　　　）

放棄の理由	相続財産の概略		
※ 1　被相続人から生前に贈与を受けている。 2　生活が安定している。 3　遺産が少ない。 4　遺産を分散させ	資産	□　あり 農　地……約　　平方メートル 山　林……約　　平方メートル 宅　地……約　　平方メートル 建　物……約　　平方メートル □　なし □　不明	現　金……約　　万円 預貯金 有価証券……約　　万円

197

●第6章　業種別事例紹介

| | たくない。
5　債務超過のため。
6　その他
(　　　　　　　) | 負債 | □　あり　　　　　（約　　　　　万円）
□　なし
□　不明 |

(注)　1　太枠の中だけ記入してください。
　　　2　※の部分は、当てはまる番号を○で囲み、申述の実情欄の5、放棄の理由欄の6を選んだ場合には、（　　）内に具体的に記入してください。
　　　3　□には該当するものにレを付けて下さい。

　この書面に必要事項を記入して、簡単な添付書面を付けるだけで相続放棄は行えます。そのため相続放棄をするハードルは低いわけですが、相続放棄はきちんと家庭裁判所に申立てを行わなければならないことを知らない人もいます。相続人たちの話合い（遺産分割協議）で、「私は相続しないから」といって、それだけで相続放棄が完了したと思っている人も少なからずいるようです。相続人に請求をした際に「私は相続放棄した」と主張する相続人が現れた場合には、下記のような相続放棄受理の通知書（**記載例6－11**）や証明書を提出させるようにしてください。

　なお、原則として相続放棄は相続開始後3か月以内しかできませんから、相続人が債務があることを知らず相続放棄を行わない場合もあります。それを狙って、あえて相続開始後3か月経過後に請求を行う債権者もいます。「卑怯だ！」という意見もありますが、そのあたりは、個々の判断ということになるでしょう。

❹　老人ホームの未収管理と会計・税務

　老人ホームの未収管理について特に注意すべき点は、これらの施設では、往々にして、現金や預貯金通帳の預りを行っている場合があることです。未収金残高とこれらとの関係が、どのようになっているのかの確認が必須です。平素における預り現金預金の管理状況次第によっては、これらの預り現金預金の不正利用や不明金発生などが生じることがままあります。近年で

Ⅱ　老人ホーム

記載例6－11　相続放棄申述受理通知書

〒○○○－○○○○
大阪市中央区○○一丁目1番1号
山田太郎　殿
　　　【親展・重要】

　　　　　　　　　　　　　　　　○○家庭裁判所　家事○部○係
　　　　　　　　　　　　　　　　裁判所書記官○○
　　　　　　　　　　　　　　　　（ＴＥＬ○○－○○○○－○○○○）

　　　　　　　　　　　　　　通知書

事件番号　○○家庭裁判所　平成○○年（家）第○○号
事件名　　相続放棄申述事件
申述人　　山田太郎
被相続人　亡　山田花子
　平成○○年○月○日申述人の被相続人に対する相続放棄の申述を受理したので通知します。
　この通知書は大切に保管してください。被相続人の債権者から借金等の返済を求められた場合は、本書を提示してください。現在、被相続人の債権者から返済の請求を受けている場合は、相続放棄の申述が受理されたことを連絡して下さい。裁判所から債権者に連絡することはありません。
　また、あなたのほかの相続人や、あなたが相続を放棄したことによって新たに相続人になった人があれば、あなたの相続放棄申述が受理されたことを連絡してあげるのが親切です。相続放棄の申述は、相続の開始を知った日から3か月以内にする必要があります。
　本件につき予納を受けた郵便切手の使用残額を返還します。

は、利用者の自己管理を尊重する方向になってきたとはいいつつも、現実には、まだまだ小口費用の支払代行などで現金を預かる施設も少なくないようです。利用者に対しての未収金の振込請求を行う前に、それが本当に利用者に対する請求額として妥当なのかの確認を行うべきです。

　なお、介護保険については、9割が基金負担であり、1割が自己負担となります。考え方は、Ⅰ❿の医療機関の基金・窓口分未収処理を参考にして下さい。

III 通信販売会社

❶ 発展する通信販売業界と未収金

　通信販売業界は、インターネット等の発達とともに急速に発展している業界です。皆さんも1度や2度はインターネットショッピングやカタログ通販を利用したことがあるのではないでしょうか。芸能人などは通販好きを公言している人もいますよね。売上が増えていくなかで、未収金の額も増加しており、対策は急務といえます。

❷ 通信販売業界で未収金が発生する理由

　通信販売業界で、未収金が発生する理由は、決済手段として後払いを導入した場合です（図表6－7）。

　代引きやクレジットカード、事前振込みであれば未収金は理屈上発生しません。「では後払いなど導入しなければいいのでは？」と考えられる方もいらっしゃいますが、売上をある程度上げようと思うと、他社との競争もあり、後払いを導入して決済手段を多様化したほうがいいといわれています。そのためある程度の規模の通信販売会社は、後払いを導入しています。売上が増加するのと比例して、未収金も増えていきます。未収金に対応するのは、通信販売会社の宿命ともいえるのです。

❸ 通信販売会社における未収金の問題点

(1) 単価が低い

　本書は、少額債権についての書籍ですが、通信販売会社の未収金は少額債権のなかでも低い金額の債権ということになります。サプリメントなどの商

図表6−7　通信販売における売上と未収金のイメージ

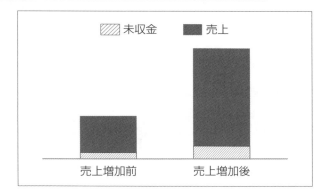

品であれば客単価で1,000円〜3,000円以内ですし、総合通販会社などが販売する家具等でも5万円以内がほとんどです。

　そのため裁判まで行って回収するということが簡単ではないため、プレッシャーをかける方法を考える必要があります。

(2) 滞納者が遠方に住んでいる

　通信販売会社の商圏は広く、日本全国です。沖縄の会社が北海道に住んでいる人に商品を販売することもできるわけです。このため単に請求書を送るだけではプレッシャーがかけにくいという問題点があります。

(3) 大量に存在する

　中堅規模の通信販売会社でも、月に100件や200件の未収金が発生することは普通です。大手になると毎月1,000件や2,000件の未収金が発生することもあります。こうなってくると人海戦術では対応できませんし、1件1件に多くの労力を割くことはできません。いかに効率的に回収を行っていくかが勝負といえるでしょう。

(4) 与信管理がしにくい

　購入限度額を設定して、一定の上限金額までしか購入できないようにしている会社もありますが、顔の見えている取引と異なり、通信販売は相手方の与信管理がしにくいという特徴があります。そもそも実在する人物からの注文なのかも、いちいち運転免許証を提示させるわけにもいきませんから、一般的な取引と異なり難しい面があることは否めません。

❹ 滞納の理由は何か

　図表6－8は、筆者が通信販売会社から依頼を受けて督促を行った統計から割り出した滞納の理由一覧です。

(1) 滞納理由その1――支払忘れ

　滞納理由で1番多いものは、支払忘れです。定期購読をしている場合に特に多い印象ですが、どれを支払ってどれを支払っていないかわからなくなってしまう傾向があるようです。

(2) 滞納理由その2――経済的事情

　2番目は経済的事情です。「だったら買うな！」という意見もありそうですが、残念ながら支払える見込みもないのに購入してしまう人はいるようです。

(3) 滞納理由その3――入金済みと思い込み、入金済みと主張

　3番目は入金済みと思い込みおよび入金済みの主張です。入金管理がいかに大切かわかりますね。入金済みを主張するのは、基本的には滞納者側の責任であるとは思いますが、会社側としてもしっかりそのあたりが主張できるように、管理をしていく必要があります。

(4) その他の滞納理由

　その他の滞納理由として注目すべきは、注文した覚えがない、商品未着主

Ⅲ　通信販売会社

図表6−8　滞納の理由一覧

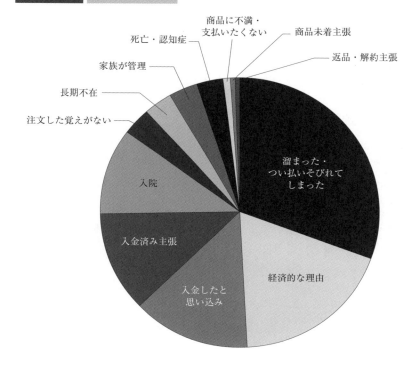

張です。顧客との商品の受け渡しの事実等もしっかりと、残しておく必要があります。また滞納開始から請求までに時間がかかると、こうした主張が増加する傾向にあります。

❺　通販会社での対応方法

　筆者は多くの通信販売会社から依頼を受けて、債権の回収業務や回収についてのアドバイス、訴訟手続の内製化へのコンサルティングなどを行っています。
　そのなかで通信販売会社の未収金対応のポイントとしては次のものがあると思っています。

● 第6章　業種別事例紹介

(1) ルール化

　督促状を何回送るのか、電話は何回するのか、どの時間帯にするのかをルール化します。おおよそ督促状は3か月間で3回ほど送り、電話もその間に複数回かけるという会社さんが多い印象です。その後は外部委託して、滞納から1年ほどで損金処理するようです。

(2) 督促状の文言

　督促状の文言をどうするのかということは通販会社の場合には特に大切になってきます。あまり強い文言だと、相手方が反発してくる可能性が高まるからです。「反発してきたって、いいじゃないか」という意見もあるでしょうが、1件あたり1,000円ほどの債権です。長々と電話に付き合うのも、それはそれでコストだと思いませんか。筆者の場合は、文言を強めても自社の名前で請求書を送る段階ではそれほど大きな効果はないだろうと考えているため、お勧めはしていません。

(3) 督促状の送付方法

　督促状の送付方法として、圧着ハガキを使うか、封筒に督促状を入れて送付するかで督促の効果は変わってきます。当然後者のほうが視認性が高いため、効果はあります。督促状が送られてきていると気付いていない滞納者も大勢いますから、督促状送られてきていると気付いてもらうことが大切だと考えています。

(4) 文字の大きさ

　通信販売会社の督促をしていると、商品にもよりますが高齢者の方が購入していることが多いようです。督促状の文字が小さいと高齢者の方は読めないということも当然ありえます。督促状を送る場合でも、文字をある程度の大きさにしてあげることは大切でしょう。

(5) 外部委託する

3か月ほど自社で督促をして、それ以後は弁護士や司法書士に督促を依頼するという通販会社さんが多いです。特に大手の通信販売会社さんはこの手法を利用していることが多いようです。弁護士、司法書士から督促状が来るわけですから、滞納者に対するインパクトが違います。まだ利用したことがないという会社さんは利用を検討するといいでしょう。

❻ 初めて外部委託を行った事例

急成長中の通信販売会社Aは、急激に売上が伸びるなかで、未収金の増加に困っていました。これまで外部委託をした実績はなく、外部委託のノウハウも存在しませんでした。困った担当者が、筆者に依頼し、外部委託のスキームの確立から関与することとなりました。

(1) 外部委託するということ

外部委託するにあたっては、さまざまな部分を整備していなければなりません。たとえば、委託先に提供するデータ形式をどうするのか、滞納開始から何か月分のものを委託するのか、どれだけの期間委託するのかなどです。また外部委託先の個人情報の保護体制についてもチェックをしなければなりません。このあたりも筆者が主導して進めていきました。

(2) 督促状の打合せ

外部委託するにあたっては、弁護士や司法書士などの委託先がどのような形式の督促状を使用するのかチェックしなければなりません。事前にフォーマットをもらって、コールセンターなどにも共有しておくとよいでしょう。

督促状のフォーマットの参考例は、次頁記載例6－12・6－13・6－14のとおりです。3回送付するものとして段階的に文言を強めています。

●第6章　業種別事例紹介

記載例6-12　通知書（1回目）

平成○○年○月○日

〒○○○-○○○○
大阪市中央区本町一丁目1番○号
　　　山田　太郎　様

株式会社山田通販
上記代理人
司法書士法人F&Partners
〒540-0026
大阪市中央区内本町一丁目1番○号
司法書士北詰健太郎
電話：06-6994-533○

　　　　　　　　　　通知書

冠省　当職は株式会社山田通販より、貴殿に対する商品販売代金について、法的手続きを含めた諸行為（回収及び債権管理）を受任いたしましたので、通知いたします。
　金額をご確認の上、本書到達後7日以内に下記金額を下記に記載した当法人名義の銀行口座にお振込みください。
　なお、支払い方法、債権の内容等に、ご相談やご質問がありましたら、遠慮なく当事務所までご連絡ください。
　万一、本書と行き違いにお支払い済みの場合には、深くお詫び申し上げます。
　　　　　　　　　　　　　　　　　　　　　　　　　　　　　　　　草々

債　権　額：　　　　　　　　金○○円
顧客NO.：　　　　　　　　　○○○○
　　　　　　　　東京さわやか銀行　大阪支店

振込先口座　　　普通　○○○○
　　　　　　　　司法書士法人F&Partners

お振込みの際には、振込人欄に必ず貴殿の顧客NO.を入れてください。

記載例6-13　再通告書（2回目）

平成○○年○月○日

〒○○○-○○○○
大阪市中央区本町一丁目1番○号

株式会社山田通販
上記代理人

Ⅲ　通信販売会社

　　　　山田　太郎　様　　司法書士法人 F ＆Partners
　　　　　　　　　　　　　　〒540－0026
　　　　　　　　　　　　　　大阪市中央区内本町一丁目1番○号
　　　　　　　　　　　　　　司法書士北詰健太郎
　　　　　　　　　　　　　　電話：06－6994－533○

　　　　　　　　　　　　再通告書

冠省　当職は、貴殿に対して平成○○年○月○日付で株式会社山田通販の商品代金の支払を求める通知書を送付いたしました。しかしながら、貴殿は当職からの再三にわたる請求にも関わらず未だに当該代金をお支払いただけておりません。
　金額をご確認の上、本書到達後5日以内に下記金額を下記に記載した当法人名義の銀行口座にお振込みください。
　お支払いが遅延した場合には、依頼者と協議のうえ法的処置をとることがありますので、あらかじめ了承ください。
　　　　　　　　　　　　　　　　　　　　　　　　　　　　草々

債　権　額：　　　　　　　金○○円
顧客NO.：　　　　　　　　○○○○
　　　　　　　　東京さわやか銀行　大阪支店
振込先口座　　　普通　○○○○
　　　　　　　　司法書士法人 F ＆Partners

お振込みの際には、振込人欄に必ず貴殿の顧客NO.を入れてください。

記載例6－14　最終通告書（3回目）

　　　　　　　　　　　　　　　　　　　　　平成○○年○月○日
〒○○○-○○○○　　　　　　　株式会社山田通販
大阪市中央区本町一丁目1番○号　上記代理人
　　　　山田　太郎　様　　　　司法書士法人 F ＆Partners
　　　　　　　　　　　　　　　〒540－0026
　　　　　　　　　　　　　　　大阪市中央区内本町一丁目1番○号
　　　　　　　　　　　　　　　司法書士北詰健太郎
　　　　　　　　　　　　　　　電話：06－6994－533○

●第6章　業種別事例紹介

> **最終通告書**
>
> 冠省　当職は、貴殿に対して再三にわたり株式会社山田通販の、貴殿に対する商品販売代金を請求してまいりました。しかしながら、貴殿からはお支払いはおろか、誠意のあるご対応をいただけておりません。
> 　本書面と到達後、3日以内にお支払いをいただけない場合には、法的処置をとり、貴殿資産を差押えすることがあります。あらかじめご了承ください。
> 　　　　　　　　　　　　　　　　　　　　　　　　　　　　　　　草々
>
> 債　権　額：　　　　　　　　　　金〇〇円
> 顧客NO.：　　　　　　　　　　　〇〇〇〇
> 　　　　　　　　　東京さわやか銀行　大阪支店
> 振込先口座　　　　普通　〇〇〇〇
> 　　　　　　　　　司法書士法人F＆Partners
>
> お振込みの際には、振込人欄に必ず貴殿の顧客NO.を入れてください。

(3)　弁護士名、司法書士名での督促の効果

　弁護士、司法書士名で督促状を送付すると、自社で督促していた場合と比較して明らかに成果がでます。やはり法律の専門家から督促がくるということに大きなプレッシャーを感じる方が多いようです。そのほか、会社自身からの請求だと、ダイレクトメールと勘違いして埋もれてしまうということもあるようです。第三者から督促状が届けば、埋もれるということはありませんから、効果が大きいといえるようです。

(4)　本件の顛末

　本件は、今まで外部委託したことがなかった会社であるということもあり、少し古い債権もありました。そういった債権も一度整理する意味で、受託し督促を開始しました。督促当初は、購入の事実を忘れている滞納者も存在しましたが、丁寧に説明するなどして、多くの滞納者から支払いを受けることができました。

　外部委託をしたことがないという会社では、自社督促が終了した後どうしたらいいのかわからないという企業が多いようです。回収を断念するといっ

ても、何を持って断念するのかという判断がつかないというのがその理由のようです。弁護士、司法書士に依頼すると、専門家が請求しても難しかったということで、回収を断念する一定の判断基準にはなっているようです。回収効果を高めるという以外の隠れた効果といえます。

❼ 他から変更したケース

通信販売会社Bは、これまでX事務所に依頼して外部委託を行ってきました。X事務所が通信販売の債権回収業務から撤退することになり、新たに委託できる先を探すなかで筆者に声がかかりました。

B社としては、これを機会に滞納者からの声も拾い上げ、督促業務の改善に役立てたいという考えがありました。

(1) どのような外部委託先に依頼すべきか

通信販売会社から依頼を受けて債権回収業務を行う弁護士や司法書士は、多くはありませんが、いくつか存在します。しかし、安定的に存在しているわけではなく、ここ数年の間でもいくつかの事務所はこの業務から撤退したりして、担い手が入れ替わっているのも事実です。依頼先を変更することは通信販売会社の立場からすると、ストレスのかかることですし、しっかり連携した先に依頼したほうがさまざまな意味で健全といえるでしょう。外部委託先を選定する際には、調子のいい営業トークに惑わされることなく、どれくらいの実績があるのか、どれくらい腰を据えてこの業務を行っているのかを確認する必要があるでしょう。

(2) フィードバックしてほしい情報の整理

B社は滞納者の声も拾い上げたいという要望をお持ちでしたので、滞納者のどのような声を拾い上げたいのかということを確認しました。

すると滞納理由を知りたいということだったので、督促の際には、滞納の理由をヒアリングするということにし、定期的に報告させてもらうと取り決

図表6-9　督促して初めて聞ける声もある

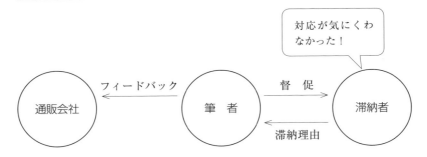

めました（図表6-9）。

(3) 督促状の作成

本件のように途中で外部委託先が切り替わった場合、切り替わる直前の滞納者に対しては、切り替わった旨の通知をしなければならないため、慎重に行う必要があります。その際には、**記載例6-15**のような書面を用意して、通知を行うこととしました。

(4) 本件の顛末

本件では、前に委託していた事務所からの移行もスムーズに行うことができました。また、フィードバックされる情報も増えたため、業務改善も行いやすくなったと好評を得る結果となりました。

❽ 訴訟手続の内製化を行った事例

通信販売会社Cは、一定の不良顧客に対して裁判手続を行うこととなりました。不良顧客は支払いを行っていないにもかかわらず、威圧的な態度をとってきたり、開き直ってきたりと、会社として毅然と対応しなければならないという判断が働いたためです。訴訟手続に必要なコストを抑える必要があるため、筆者のところに内製化の相談の依頼がきました。

記載例6-15　督促状（切替え）

平成○○年○月○日

〒○○○-○○○○
大阪市中央区本町一丁目1番○号
　　　山田　太郎　様

株式会社山田通販
上記代理人
司法書士法人F＆Partners
〒540-0026
大阪市中央区内本町一丁目1番○号
司法書士北詰健太郎
電話：06-6994-533○

通知書

冠省　当職は、貴殿に対して商品を販売した、株式会社Bより、貴殿に対する商品代金の請求行為（裁判手続等含む）の依頼を受けた司法書士です。貴殿に対する請求は、平成○○年○月○日付けで○○法律事務所が行っておりましたが、今般代理人を変更し、当法人が請求行為を行うことになりました。
　よって、本書到達後は、商品代金のお振込みは当法人名義の下記口座までお支払いください。
　万一、本書と行き違いにお支払い済みの場合には、深くお詫び申し上げます。
草々

債　権　額：　　　　　　金○○円
顧客NO.：　　　　　　　○○○○
　　　　　　　東京さわやか銀行　大阪支店
振込先口座　　普通　○○○○
　　　　　　　司法書士法人F＆Partners

お振込みの際には、振込人欄に必ず貴殿の顧客NO.を入れてください。

(1) 訴訟手続か支払督促か

　裁判所を利用して回収を図る場合、訴訟手続によるべきか、支払督促によるべきかという論点が出てきます。通信販売会社では、滞納者が全国に存在するため、支払督促によることは現実的ではありません。本書ですでに説明したとおり、督促異議がだされると、滞納者側の住所地の裁判所で裁判が行われることになりますからね。交通費だけで債権金額を上回ってしまいます。

よって、通信販売会社の場合には、本書ですでに紹介した「義務履行地管轄」（民事訴訟法5条1号）を利用して、通販会社側の本店所在地を管轄する裁判所を管轄裁判所として、訴訟を提起すべきでしょう。年に何件も訴訟をするということであれば、少額訴訟は回数制限がありますから通常訴訟によることになります。

(2) 証　拠

　通信販売会社の場合、滞納者の直筆の購入申込書が存在するケースもありますが、おそらく社内でコンピューターに受付の記録を残している場合が大半だと思います。自社の社内記録だけでは証拠としては弱いですが、それだけしかないのであれば、その社内記録や請求書を基に訴訟を戦うしかありません。相手方の出方によれば、敗訴する可能性もありますが、1件敗訴したところで損害額はしれていますから、訴訟すると決めた以上は恐れず行ったほうが効率的でしょう。そこで得られた教訓から証拠の保全方法等を改善していけばよいのです。

(3) 訴訟を行うことの意味

　通信販売会社においては債権額的に訴訟を行うことは難しい部分がありますが、訴訟を行うことで、毅然とした対応をとる会社であるという印象付けをすることができます。悪質な滞納顧客は、さまざまな通信販売会社の情報を入手して対応が甘い会社に対して、支払うつもりもないのに購入をしてくるケースもあるようです。これだけ通信販売が生活のなかに根付いた時代ですから、そうした姿勢を見せること自体にも意味があるといえるでしょう。

(4) 本件の顛末

　本件では、まず筆者と会社担当者の相談のうえ、社内で使用する定型のフォーマットを用意して、誰でも訴状が作成できる状態にしました。当然、管轄はC社の本店所在地を管轄する簡易裁判所とし、本書ですでに紹介し

た許可代理人制度を利用して、社員が法定に出廷するという方法を確立しました。おそらくC社では社内で訴訟を行うという体制が今後も継続していくでしょう。

❾ 通信販売会社における電話対応

通信販売会社の督促を行っていると、滞納者から多種多様な電話がかかってきます。それぞれの類型にあわせた対応が必要になりますが、下記にいくつか事例を紹介しておきます。

(1) 本人以外からの電話

滞納者本人の代理人や家族と名乗る人から電話があることがあります。こうした場合はどのように対応したらいいでしょうか。会社側としては、基本的には本人としか話をすべきではないというスタンスを理解してください。無防備に本人の情報を代理人等と名乗る人に話すと、個人情報の漏洩等の問題にもつながりかねません。また正当に代理権を有している者以外との間で支払いに関する合意を整えても、無効となることがあります。

ただ実際には滞納者本人が高齢で、家族が面倒をみているということは多々ありますから、事実上家族と話をせざるをえないこともあります。通信販売会社としては、こちら側から積極的に滞納者の情報を開示するのは避け、話をすべきでしょう。

(2) 購入した覚えがないという電話

滞納者から「購入した覚えがない。明細を送ってくれ」という趣旨の電話がかかってくることがよくあります。こうした場合には、明細を送る必要が出てくるのですが、必ず後追いの電話をするようにしましょう。明細だけ送っても支払いを行わない滞納者は存在します。こちら側がやるべきことを果たしたわけですから、相手方にもキッチリと支払いを行ってもらう必要があります。

●第6章　業種別事例紹介

(3) 怒り狂った電話

　大量の滞納者を相手にしていくと、少数ではありますが怒り狂った電話がかかってくることがあります。「責任者を出せ！」、「脅迫だ！」などといって、執拗に罵声を浴びせてくる滞納者も存在しますよね。そもそも支払いもしていないのにどうしてそんなに強気でいられるのか、わからない部分もありますが、あまりにひどい場合には録音をしておくとよいと思います。万が一のとき刑事、民事の事件の証拠としても活用できますし、「録音をする」と告知をすると相手方も冷静になることがあります。

❿　通信販売事業における未収管理と会計・税務

　すでに触れたとおり、通信販売により生じた売掛債権の貸倒れについて、国税庁質疑応答がありますので、掲載します（質疑応答例6-1）。

質疑応答例6-1　通信販売により生じた売掛債権の貸倒れ（国税庁質疑応答）

【照会要旨】
　A社は、一般消費者を対象に衣料品の通信販売を行っており、決済方法として、代金引換え、クレジットカード払い、商品引渡し後の銀行振込み（後払い）の3つを用意しています。このうち後払いの方法による場合において、期日までに振込みがないときには、その支払期日から30日後、60日後、90日後にそれぞれ電話等での督促を行うほか、必要な回収努力を行っていますが、売上金額の1％程度が回収できない状況となっています。
　また、A社では、1度でも注文があった顧客については、継続・反復して販売することを期待して、その顧客情報をデータで管理していますが、その取引の状況を見てみると、同一の顧客に対して継続して販売している場合もありますが、1回限りの場合も多くあります。
　この場合、A社は、結果的に1回限りの販売しかしていない顧客を、法人税基本通達9-6-3(1)《一定期間取引停止後弁済がない場合等の貸倒れ》の(注)における「継続的な取引を行っていた債務者」とみて、当該顧客に対する売掛債権について、貸倒れとして損金の額に算入することができますか。
【回答要旨】
　当該顧客に対する売掛債権については、貸倒れとして損金の額に算入することができます。なお、下線は、筆者によるものです。

（理　由）
1　商品の販売、役務の提供等の営業活動によって発生した売掛金、未収請負金その他これらに準ずる債権（売掛債権）については、他の一般の貸付金その他の金銭消費貸借契約に基づく債権とは異なり、履行が遅滞したからといって直ちに債権確保のための手続をとることが事実上困難である等の事情から、取引を停止した後1年以上を経過した場合には、法人が売掛債権について備忘価額を付し、その残額を貸倒れとして損金経理をしたときは、これを認めることとされています（法人税基本通達9-6-3(1)）。
　なお、この場合の「取引の停止」とは、継続的な取引を行っていた債務者につきその資産状況、支払能力等が悪化したためその後の取引を停止するに至った場合をいいますから、たとえば、不動産取引のように同一人に対し通常継続して行うことのない取引を行った債務者に対して有する当該取引に係る売掛債権が1年以上回収できないにしても、この取扱いの適用はないこととなります（法人税基本通達9-6-3(注)）。
2　A社の衣料品の通信販売は、一般消費者を対象に行われるもので、同一の顧客に対して継続して販売している場合もあるものの、1回限りの場合も多いとのことです。したがって、通常継続して行われることのない取引であり、上記1の取扱いの適用はないものとも考えられます。しかしながら、衣料品の通信販売を営むA社のように、1度でも注文があった顧客について、継続・反復して販売することを期待してその顧客情報を管理している場合には、結果として実際の取引が1回限りであったとしても、A社の顧客を「継続的な取引を行っていた債務者」として、その1回の取引が行われた日から1年以上経過したときに上記1の取扱いを適用することができます。

【関係法令通達】
　法人税基本通達9-6-3

IV　商　社

❶　商社の未収金

　さまざまなビジネスの間に立つ商社は、伝統的に未収金が多く発生する業種です。会社によっては専門的な部署を設けて与信管理や債権保全を行って

いる会社もありますが、少額債権については滞納ノウハウが蓄積されているとは言い難いようです。

❷ 従業員が勝手に購入したというケース

　商社Ａは、建設会社Ｘに建設に使用する器具を金70万円で販売しました。しかし、Ｘ社は「その商品は、元従業員の甲が勝手に購入したものだ」と主張し、支払いを行いませんでした。繰り返し督促するもＸ社は支払わないの一点張りで、困ったＡ社の担当者は、筆者に債権回収を依頼してきました。

(1) 選択した方法

　筆者はまずＡ社の担当者に証拠としてはどのようなものがあるのかを確認しました。するとＸ社の会社実印が押印された発注書が証拠としてあったため、契約成立の事実はこれで一応認定できるだろうと判断しました。

　あとは、相手方が契約の成立を覆すことができるだけの証拠を持っているかという点が気になりましたが、今までのやり取りを聴取するなかでは、相手方の主張には正当性がないだろうと判断し、本件は訴訟により行うこととしました（記載例６－16）。

記載例６－16　訴状雛形

```
                    訴　　　状
                                    平成○○年○月○日
　○○簡易裁判所　民事部　御中
                        原告訴訟代理人司法書士　北詰健太郎

　当事者の表示　　別紙当事者目録記載のとおり
　売買代金請求事件
　訴訟物の価格　　　金○○○○円
　貼用印紙額　　　　金○○○○円
```

Ⅳ　商　社

第1　請求の趣旨
1　被告は，原告に対し，金○○○○円及びこれに対する平成○○年○月○日から支払済みに至るまで年6分の割合による金員を支払え。
2　訴訟費用は被告の負担とする。
との判決及び第1項につき仮執行の宣言を求める。
第2　請求の原因
1　原告は，家電機器および工具の販売・設置を業とする株式会社であり，被告は建築工事を業とする株式会社である。
2　原告は，平成○○年○月○日，被告から申込を受け，被告が建築工事を行うこととなった，訴外○○邸に設置する下記家電機器の売買契約および同機器の訴外○○邸への設置工事請負契約を，被告との間で締結した（甲第1号証，甲第2号証）。

記

① 　○○電気　ＡＢＣ型　高性能エアコン
　　　金○○○○円（税別）
② 　○○電気　Ｔ3型　浴室乾燥機
　　　金○○○○円（税別）
③ 　○○電気　Ａ2型　食洗機
　　　金○○○○円（税別）
　　　金○○○○円（税別）
　　　合計　金○○○○円（税込）

以上

3　原告は，平成○○年○月○日，訴外○○邸にて，上記家電機器の引渡しを完了し，同日設置工事を完了した。
　　しかし，被告は，支払期限である平成○○年○月末日を経過しても，代金合計金○○○○円を支払わない。
4　原告が，再三にわたり請求を行ったところ，被告は，上記家電機器の売買契約は被告社員である訴外○○氏が勝手に原告と締結したもので，被告は責任を負わないと主張した。
5　しかし，平成○○年○月○日付注文書および平成○○年○月○日付工事請負契約書の記載ならびにその他の証拠書類から，被告において，上記家電機器を原告から買受け，訴外○○邸に設置させる意思があったことは明らかである（甲第3号証）。
6　よって，原告は被告に対し，売買契約および請負契約に基づき，金○○○○円及びこれに対する平成○○年○月○日から支払済みに至るまで年6分の割合による金員の支払いを求める。

証　拠　方　法
1　甲第1号証　　　注文書
2　甲第2号証　　　工事請負契約書
3　甲第3号証　　　取引決裁依頼書

●第6章　業種別事例紹介

```
                  附　属　書　類
    1　訴状副本            1通
    2　甲号証写し          各1通
    3　資格証明書          1通
```

(2) X社社長出廷する

　筆者が訴状を提出しておよそ1か月半後に最初の裁判が開かれました。裁判所では1つの法廷でいくつも裁判がこなされていきます。言い方は悪いですが、争いのない案件であれば、それこそ流れ作業のようにどんどん進んでいきます。本件は少し紛争すると思われたのか、他の事件の進行に影響を与えないように一番最後に審理するとされていました。

　筆者がほかの裁判を傍聴していると、X社の社長であろうという人が数人の関係者とともに法廷に入ってきました。

　裁判が開かれると、X社の社長は従来どおり「元従業員が勝手に依頼した」と主張してきました。裁判官が「原告は、証拠を提出しています。それを見るに契約の成立はしているのではないのではないかというように判断できます。何か被告の主張を裏付けるものはありますか。あるのであれば次回までに提出してください」と指示が出されていました。簡易裁判所では代理人を立てずに本人が出廷して裁判が行われることも多いので、こうして丁寧に裁判官が指示を出してくれることもあります。その一方で、この裁判官からの指示でも明らかなとおり、やはり裁判で重要なのは証拠ということがわかりますね。

(3) 本件の顛末

　本件は、初回の裁判が終わった後、X社の社長から電話がありました。電話の趣旨としては、和解をしたいというものでした。

　事務所に来所してもらい、分割にはなったものの満額回収することに成功しました。このケースのように、証拠がしっかり揃っている場合には、訴訟

をしてしまったほうが早いといえます。本件も実は滞納開始から少し時間が経過したものでした。回収できたのは少し運がよかったという面もあります。

ちなみにこのケースですが、ホームページや登記事項証明書の記載から取引銀行を割り出していました。勝訴すれば銀行口座の差押えを行う準備も整えていたので、X社にとっても懸命な判断ではなかったかと考えています。

❸ 破産すると開き直ってきたケース

商社Bは、建設機器等を建設会社に販売する商社でした。建設会社YはB社から購入した商品代金60万円を支払いませんでした。

支払わない理由は「お金がないから」というものでしたが、やはり建設業界は景気がいいとはいえず、こうして経済的理由により支払いを先延ばしにする会社が多い印象です。

(1) 資産の調査

筆者は、本件の依頼を受けたとき、まず相手方の資産の調査に着手しました。中小企業であったため、企業調査会社のデータでは登録がなく登記事項証明書を中心とした調査でした。調査の結果、相手方代表者は自宅を保有していたものの銀行の担保がいくつか設定されている状況でした。

(2) 連帯保証獲得を目指す

B社は、Y社の取引先や取引銀行はわからないということでしたので、筆者としてはY社社長の連帯保証を獲得することを目指しました。内容証明郵便をまず送って、交渉により譲歩を引きだすという戦略で臨みました。

(3) 交渉に臨む

内容証明郵便を送ったところ、Y社社長から電話がありました。Y社社長の話では、何とか事業を継続していきたいと思っており、自宅を売却しようとしているとのことでした。そのため「では、自宅に担保権を設定させて

ほしい。連帯保証してほしい」というと「担保権がたくさん付くと、売りにくくなってしまう。連帯保証したら、何もかもとられてしまう」と拒否してきました。それから押し問答をしていたのですが、最終的には「強行的にでるなら、破産する！」と主張してきました。何だかこちら側が脅されているような感覚になりますが、こうした主張をしてくる相手方は結構います。自宅を売却するという話だったので、依頼者に相談のうえ少しだけ待ってみることにしました。

(4) 結局訴訟へ

1か月ほど時間が経過したところで、Y社社長に連絡したところ、あいかわらず売却に至っておらず、交渉をしても連帯保証には難色を示し続けました。もうらちがあかないということで、訴訟を提起しました。回収できないならできないで、はっきり結論を出す必要があるからです。

(5) Y社社長、弁護士に依頼

訴状は順調にY社社長に送達されましたが、裁判日の3日ほど前にY社社長の弁護士から受任通知（記載例6－17）が届きました。受任通知によれば、債務がB社以外にも大量にあり、破産する方針であるということでした。

債権回収業務を行っていくと何度もこの手の通知書を受け取ることになります。Y社の場合は、筆者に依頼する前にある程度手を打っておくべき事案でした。相手方が開き直らざるをえないほど追いつめられた状況ですと、こちらも打つ手が限られてしまいます。

❹ 商社の未収管理と会計・税務

商社の場合、よく問題になるのは、帳合取引（図表6－10）と呼ばれるもので、実際の商品出荷当事者（仕入先A社・売上先B社）の間に商社（C社）が入って、売上・仕入れを行う形になるものです。

Ⅳ　商　社

記載例6−17　受任通知（破産予告）

> 　　債権者各位　　　　　　　　　　　平成〇〇年〇〇月〇〇日
> 　　　　　　　　　　　　　　　　　　　　　　株式会社Y代理人
> 　　　　　　　　　　　　　　　　　東京都新宿区〇〇一丁目1番〇号
> 　　　　　　　　　　　　　　　　　　　　　　　弁護士山田太郎
> 　　　　　　　　　　　　　　　　　ＴＥＬ：03−〇〇〇〇−〇〇〇〇
> 　　　　　　　　　　　　**受任通知**
> 　冠省　当職は　東京都千代田区〇〇一丁目1番〇号株式会社Yより、その破産手続きについて委任を受けましたので通知致します。
> 　当職の調査によれば、株式会社Yは債権者15名に対して総額3,000万円の債務を負担しており、返済は難しい状況です。債権者の方々にはご迷惑をおかけしますが、破産手続きにより整理をしていくこととなりましたので、ご通知申し上げます。
> 　なお、株式会社Y代表取締役の〇〇氏も個人として同時に破産いたします。今後のご連絡は当職宛にお願いいたします。
> 　　　　　　　　　　　　　　　　　　　　　　　　　　　　草々

図表6−10　帳合取引

```
A社　→　商社（C社）　→B社
```

　マージンとして販売手数料を取るのではなく、商社がいったん仕入れしてから売上するという方式が採られることで、商社が与信リスクを負うところにミソがあるわけです。ただ、当然ながら、商社自身にとっては、B社に対する債権全額が回収不能になるリスクがあるわけです。

　そして、実務上、一番問題になりやすいのは、実際の商品出荷は、A社からB社に直接行われることから、C社への通知漏れが起こりやすく、結果としてC社での処理遅延が生じやすいことです。仮に、A社が出荷済みでB社未着だとすれば、当社（C社）としては、仕入れだけを計上し、売上の計上漏れを起こしやすいわけです。

これは、会計・税務上の問題になるとともに、債権管理上も正確な債権額をタイムリーに把握できないという意味で大きな問題を生じやすいといえます。あらかじめ設定されている与信限度額を、うっかり超過する危険性があるという意味では非常に怖い話でもあります。

V 賃貸オーナー

賃貸経営と未収金

　家賃の滞納とは、昔から賃貸オーナーさんを悩ませてきた問題です。最近は家賃保証をしてくれる会社も増えて、利用することが一般的になってきているようですが、それでも賃貸物件を保有していれば一度は経験するものではないでしょうか。家賃の未収金も債権金額自体は少額であることが多く、少額債権の問題としてとらえることができます。

(1) 家賃滞納は空室よりもひどい

　最近は賃貸経営をするのが、昔よりも難しくなってきました。よほどいい立地でなければ、入居者が集まらないといわれています。人口が減っていく時代ですし、賃貸物件を探す側もインターネットで簡単に物件を探せる時代ですからね。いい物件とどうしても比較されてしまうのです。一方でオーナーさんも借入れをして、マンションを建てていることが多いですね。しかも建設のときの試算では、満室を前提として利回りを計算していることも少なくないようです。ただでさえ入居者集まらない時代に、家賃を滞納されて部屋を占拠されているという状態は、オーナーさんとしてはすぐに対応しなければならない大問題です。空室であればもしかすると、入居者が入ってくれるかもしれないということがありますが、滞納者に居座られていたので

は、入ってもらうことすらできません。

(2) 滞納者に対して淡い期待を抱かない

そういった問題点がありながらも、オーナーさんは一般的に家賃滞納への対応が遅いようです。その理由としては、強制執行によって退去させるコストが高いことと、もしかすると払ってくれるかもしれないという淡い期待をいだいているからのようです。

筆者の経験上ではありますが、一度滞納を開始した滞納者が支払いを行ってくれるという確率は決して多くありません。ここは払ってもらえないものだとして、ドライに割り切るべきでしょう。建物明渡しに50万円のコストがかかったとしても、入居者さえ入ればいつかは取り返すことができます。行動が遅ければ遅いほど、損失は積み重なっていくのです。

(3) 建物の明渡しとセットで考える

家賃の回収業務は、常に建物の明け渡しとセットで考えるようにします。滞納者としては家賃を払うか、さもなければ退去させられるという緊張感がなければ、まじめに対応してくることはありません。オーナーさんが交渉する場合も、家賃を払うか、さもなければ退去するよう、交渉するようにしましょう。筆者も家賃回収を行ううえでは、建物明渡しとセットで考えるようにしています。

(4) 連帯保証人を取得する

賃貸借契約の場合には、連帯保証を取得することが一般的になっていると思いますが、こちらも徹底するようにしてください。よく見かけるのが、入居者自身が連帯保証人の署名も書いてしまっているケースです。筆跡を見れば明らかですが、いざ連帯保証人に請求する段階になってから、連帯保証人から否定されることはよくあります。自主管理のオーナーさんで、そこまで手が回らないという方は、これを機会に管理会社に委託するというのも方法

●第6章　業種別事例紹介

の1つだと思います。

❷　どうしても立ち退かない入居者のケース

　賃貸オーナーAは、長い間家賃を滞納し続ける入居者Xに悩まされてきました。何度も家賃の請求に行きましたが、居留守を使われることがあたりまえで、偶然捕まえたときも「払う、払う」というだけで、いつまで経っても支払ってきません。困ったAは、筆者に相談を持ちかけてきました。

(1)　まずオーナーに理解してもらう

　筆者の経験上ですが、家賃の回収業務を受任するうえでは、まずオーナーさんに家賃の回収というものを説明し、理解してもらうようにしています。Aさんもそうでしたが、先に書いたように滞納者がいつか払ってくれるのではないかという淡い期待を抱いているオーナーさんが多いからです。1月分ならともかく数か月分も滞納するような入居者は何度督促しても支払ってくる可能性は低いでしょう。そんな相手をいつまでも入居させておくと、損害が重なるだけですからさっさと出て行ってもらって、家賃が払ってもらえたらラッキーというぐらいに構えるべきだと思います。よって本件でも、退去してもらうことを視野において、家賃回収を行うこととしました。

(2)　内容証明郵便を送付する

　筆者は、Aさんと協議のうえ、まず内容証明郵便を送ることにしました。退去してもらうことがやむをえないとしても、強制執行により明渡しを行うと、数十万円の実費が発生することもあるので、できるだけ話合いにより、家賃の支払いおよび退去をしてもらおうということになりました。そこで内容証明郵便も、こちらとしては強制執行で強制的に退去させることもできるが、それではXの負担が大きいので、話合いにより自主的に退去してほしいという内容で送付しました。具体的には、**記載例6－18**のような内容です。

記載例6-18　内容証明郵便（退去依頼）

通知書

冠省　当職は、貴殿が賃借している山田アパート101号の所有者である、下記依頼者から、貴殿との賃貸借契約解除、賃料請求、建物明け渡し訴訟手続等に関する法的手続きを含めた諸行為の委任を受けましたので、通知いたします。

　当職が、依頼者から聴取した事実によれば、貴殿は既に長期間に渡り、賃料の一部ないし全部を滞納しているとのことであり、既に賃貸借契約継続に必要な信頼関係は破綻しており、貴殿と依頼者との賃貸借契約は解除せざるを得ないものと考えられます。

　依頼者と致しましては、裁判手続きを行なった上で、強制執行により立ち退きをしていただくことも検討しておりますが、可能であるならばお話し合いにより、退去していただければと考えております。

　貴殿におかれましても、強制執行により立ち退きになることは、次の住まいの計画が立てられないことなどから、負担が大きいものと考えます。お話し合いにより、退去することが貴殿にとっても、利益になると思われます。そこで一度話し合いの機会を設けていただければと思います。

　つきましては、本書面到達後1週間以内にご回答をいただけますでしょうか。万が一ご回答をいただけない場合には、裁判手続きをとらざるを得ませんので、ご了承下さい。

なお、今後の連絡は下記代理人宛でお願いします。
平成〇〇月〇月〇日

大阪市西区〇〇一丁目1番1号
Ａ
上記代理人
大阪市中央区内本町一丁目1番〇号
司法書士法人 F＆Partners
司法書士北詰健太郎
ＴＥＬ：06－6994－533〇
大阪市北区〇〇一丁目1番〇号
山田アパート101号
Ｘ殿

●第6章　業種別事例紹介

(3) 入居者Xの反応

　内容証明郵便を受け取ったXからはすぐに電話がありました。筆者は話合いを行おうとしましたが、「オーナーから嫌がらせを受けた」などと反論を展開し、まったくこちらの話合いに応じようとはしてきませんでした。正直にいって、オーナーとしてかなり譲歩した提案をしたにもかかわらず、こうした対応をとってくるXに対して、Aさんも堪忍袋の緒が切れたのか、「訴訟してください」と筆者に要望してきました。

　なお、訴訟提起にあたっては、改めて賃貸借契約の解除の内容証明郵便（記載例6－19）を送付しました。

(4) 訴訟提起

　訴訟の提起を要請されたため、筆者としては一刻も早く訴状を提出して、少しでも早くXに退去してもらうことを目指すことになります。筆者は、**記載例6－20**（228頁）のような訴状を提出しました。

記載例6-19　内容証明郵便（解除通知）

通知書

　冠省　当職は、貴殿が賃借している山田アパート101号の所有者である、下記依頼者から、貴殿との賃貸借契約解除、賃料請求、建物明渡訴訟手続等に関する法的手続きを含めた諸行為の委任を受けた代理人です。

　貴殿は、平成○○年○月末日から賃料等の滞納を始め、現在に至るまで総額金○○○○円の賃料等を滞納しております。

　また、これまで再三にわたる依頼者側からの賃料のお支払いのお願いにも対応していただけておりません。

　つきましては、本書面到達後10日以内に金○○○○円を下記口座までお支払いください。

　お支払いいただけない場合には、期間経過をもって、貴殿と依頼者との間の賃貸借契約を解除致します。

記

東京さわやか銀行　　大阪支店
普通　　○○○○
司法書士法人F＆Partners

以　上

平成○○月○月○日

大阪市西区○○一丁目1番1号
A
上記代理人
大阪市中央区内本町一丁目1番○号
司法書士法人F＆Partners
司法書士北詰健太郎
ＴＥＬ：06-6994-533○
大阪市北区○○一丁目1番○号
山田アパート101号
X殿

● 第6章　業種別事例紹介

記載例6-20　訴状（家賃回収・建物明渡し）

訴　　状

平成○○年○○月○○日

○○簡易裁判所民事部　御中

原告訴訟代理人司法書士　北　詰　健　太　郎

当事者の表示　　別紙当事者目録記載のとおり
建物明渡等請求事件
訴訟物の価格　　　　　金○○○○円
貼用印紙額　　　　　　金○○○○円

第1　請求の趣旨
1　被告は，原告に対し，別紙物件目録記載の建物を明け渡せ。
2　被告は，原告に対し，○○○○円及びこれに対する平成○○年○月○日から別紙物件目録記載の建物明渡し済みまで1か月○○○○円の割合による金員を支払え。
3　訴訟費用は被告の負担とする。
　との判決及び第1項ないし第2項につき仮執行の宣言を求める。

第2　請求の原因
1　賃貸借契約の成立
　原告は，被告に対し，平成○○年○月○日，次の約定でその所有していた別紙物件目録記載の建物（以下，「本件建物」という。）を賃貸し（以下，「本件賃貸借契約」という。），これを引き渡した。（甲第1号証，第2号証，甲第3号証）
(1)　賃　料　　　1か月○○○○円
(2)　共益費　　　1か月○○○○円
　　(1)+(2)＝1か月○○○○円
(3)　賃料支払期間
　毎月末日までに翌月分の賃料，共益費，管理費，その他必要費を貸主方に銀行振り込みにて支払う。
(4)　賃貸期間
　平成○○年○月○日から平成○○年○月○日までの2年間。ただし，期間満了の1か月前までに，双方異議が無ければ，賃料，共益費，管理費等を除いて，同一条件にて同期間に更新されるものとする。
(5)　契約解除に関する事項
　借主が賃料，共益費，管理費または電気，ガス，水道等の諸料金の支払いを2か月分以上遅滞したときは，貸主は催告その他の法的の手続によらず本契約を解除することができる（甲第2号証）。

(6) 賃貸借契約終了後明渡しに至るまでの使用損害金の規定
　　賃借人の明渡しが遅滞したときは，賃借人は遅滞期間中の賃料，共益費，管理費の遅滞損害金を支払う（甲第2号証）。
2　賃貸借契約の更新
　　平成○○年○月○日，本件賃貸借契約は更新された。
　　平成○○年○月○日，本件賃貸借契約は更新された。
3　賃料支払義務の不履行
　　被告は，別紙請求入金履歴一覧表のとおり，平成○○年○月分から賃料の滞納を開始し，平成○○年○月分以降まったく賃料の支払いをしなくなった。
4　賃貸借契約の解除
　　本件賃貸借契約には前記1の(5)に記載のとおり賃料等の支払いを2か月分以上遅滞したときは，催告その他の法的手続によらず本契約を解除することができる無催告解除の定めがあったが，原告は，被告に対し，平成○○年○月○日付内容証明郵便をもって同日までの未払賃料等合計金○○○○円を当該内容証明郵便到達後10日以内に支払うよう催告し，当該期間内に支払いがない場合は，本件賃貸借契約を解除する旨の意思表示をした。同郵便は平成○○年○月○日被告に到達した（甲第4号証の1，甲第4号証の2）。
5　しかるに被告は，上記支払期限内に請求金額の支払いをしなかったため，本件賃貸借契約は平成○○年○月○日の経過をもって解除された。
6　不法占有
　　しかしながら，被告は未だに本件建物の占有を継続している。
7　結語
　　よって，原告は被告に対し，本件賃貸借契約の終了に基づく本件建物の明け渡し及び平成○○年○月分から平成○○年○月分までの未払賃料合計金○○○○円の支払い並びに賃貸借契約終了の翌日である平成○○年○月○日から，本件建物の明渡し済みまで，一か月金○○○○円の割合による約定の損害金の支払いを求める。

　　　　　　　　　　　　　証　拠　方　法
1　　甲第1号証　　　　　全部事項証明書
2　　甲第2号証　　　　　賃貸借契約書
3　　甲第3号証　　　　　賃貸契約書細則
4　　甲第4号証の1　　　内容証明郵便
5　　甲第4号証の2　　　同配達証明書
　　　　　　　　　　　　　附　属　書　類
1　　訴状副本　　　　　　　　　　1通
2　　甲号証写し　　　　　　　　各1通
3　　全部事項証明書　　　　　　　1通
4　　固定資産評価証明書　　　　　1通
5　　訴訟委任状　　　　　　　　　1通

(5) 入居者X出廷する

本件も訴状提出後、1か月半ほど後が裁判の日となりました。特にこちら側が敗訴する要素もなかったですし、答弁書の提出もなかったことから、Xは出廷してこないかなと思っていましたが、裁判所に行ってみるとそこにはXの姿がありました。

裁判が始まると、Xはいろいろと持論を展開しましたが、裁判官が「あなたが家賃を支払わなかったことは間違いないんでしょう。だったらこの裁判では原告の主張を認めるしかありませんよ」と説明し、終結することとなりました。Xは不満そうでしたが、家賃を払うことは賃貸借契約の基本ですからやむをえないですよね。

(6) 本件の顛末

本件は、筆者が判決獲得後、強制執行の準備をしていたところ、Xの代理人弁護士から連絡がありました。趣旨としては、「退去して、破産手続を行うので、少しだけ待ってほしい」という電話でした。

しばらくすると実際にXが退去したため、強制執行手続をすることなく、本件は解決となりました。家賃こそ回収できませんでしたが、自主的に退去してくれたことで、Aさんとしても費用を抑えることができました。

(7) 家賃滞納への備え

家賃滞納への備えとしては、先に書いたように連帯保証人をしっかり獲得するということもありますが、契約書や入金履歴をわかりやすく管理するというのも備えの1つです。訴訟を起こすうえでは、証拠として賃貸約契約書や入金履歴を証拠として提出しますが、これがしっかり整っているかどうかで、訴訟のスピード感が異なります。また、初めて頼む専門家だとお互いに勝手がわかっていないため、時間がかかることがあります。何かあったら相談できる司法書士などの専門家を持つようにするとよいでしょう。

Ⅴ　賃貸オーナー

❸　賃貸オーナーの未収管理と会計・税務

　不動産賃貸業の場合、物件別あるいは部屋別管理が必要です。預り敷金など、回収局面において、未収と相殺が可能な部分があれば、これを考慮する必要があります。そこで、会計ソフトなどで、未収金や預り敷金などについては、部屋別の補助コード管理を行っておくなどの工夫が行われるのが実務です（図表6－11）。

図表6－11　賃貸オーナーの未収管理

未収入金	01	北詰アパート101号室	50,000円
	02	北詰アパート102号室	45,000円
	03	北詰アパート103号室	31,000円
		…	
		…	
合　計			1,000,000円

預り敷金	01	北詰アパート101号室	100,000円
	02	北詰アパート102号室	90,000円
	03	北詰アパート103号室	62,000円
		…	
		…	
合　計			2,000,000円

　また、敷金等は、返金不要が確定した時点で収益計上することが求められます。契約時に返還不要となるだけでなく、その後の賃貸借期間経過により返還不要が確定するものもあり、継続的に契約書の内容を点検・把握しておくことが必要です。

●第6章　業種別事例紹介

　貸倒処理に際しては、土地の貸付けや住宅家賃について、消費税法における非課税資産の譲渡等とされることから、税額控除ができません。これらの非課税範囲がどこまでかは、実務上トラブルが生じやすいところです。たとえば、**質疑応答例6-2**のように、集合住宅の家賃・共益費・管理料等について質疑応答が国税庁より出されています。

質疑応答例6-2　集合住宅の家賃、共益費、管理料等の課税・非課税の判定（国税庁質疑応答）

【照会要旨】
　集合住宅においては、施設の使用料又は役務の提供の対価を家賃や共益費として収受する場合、又はこれらと別建てで収受する場合がありますが、それぞれの場合についての取扱いはどうなるのでしょうか。

【回答要旨】
　基本的な考え方は次のとおりであり、それぞれの収受の形態により、別紙のとおり取り扱います。
(1)　家賃……住宅の貸付けとは別に貸付けの対象となっていると認められる施設や動産部分及びサービス部分については、一括家賃として収受したとしても合理的に区分の上課税対象となります。
　したがって、①通常単独で賃貸借やサービスの目的物となる駐車場施設、プール・アスレチック施設等については、全住宅の貸付けについて付属する場合や住人のみの利用が前提となっている場合など、住宅に対する従属性がより強固な場合にのみ非課税とされ、②もともと居住用としての従属性が認められる倉庫や家具などの施設又は動産については、全体を家賃として収受している以上、非課税として取り扱うこととなります。ただし、入居者の別注により賃貸借の対象となっているものは課税となります。
(2)　共益費……住宅を共同で利用する上で居住者が共通に使用すると認められる部分の費用を居住者に応分に負担させる性格のものについては、共益費、管理費等その名称にかかわらず非課税となります。
(3)　別建請求する各種料金……個別に内容を判定することとなりますが、(2)の共益費に該当するもの以外は、課税対象となります。

別紙
集合住宅の賃料又は共益費として収受するものの課税・非課税の判定

「賃料」又は「共益費」の内容	契約書上の表示例	課非区分
住宅貸付料	「賃料」	非課税
共用部分の管理料	「賃料には共用部分管理料を含む。」	非課税

駐車場料			
車所有の有無にかかわらず1戸につき1台以上の駐車場が付属する場合	「駐車場利用料を含む。」賃貸借物件に「駐車場」を記載。特に記載なし。	非課税
上記以外の場合	「駐車場利用料を含む。」賃貸借物件に「駐車場」を記載。特に記載なし。	駐車場料金を合理的に区分し課税
プール・アスレチック・温泉等施設利用料		
住人以外利用不可の場合	「（プール等施設）利用料を含む。」賃貸借物件に施設名を記載。特に記載なし。	非課税
住人以外利用可（有料）の場合	「（プール等施設）利用料を含む。」賃貸借物件に施設名を記載。	利用料金を合理的に区分し課税
家具・電気製品等使用料		
入居者の選択の如何にかかわらず、あらかじめ一定の家具等を設置して賃貸している場合	「（家具等）使用料を含む。」賃貸借物件に「家具」等と記載。特に記載なし。	非課税
入居者の選択により家具等を設置している場合	「（家具等）使用料を含む。」賃貸借物件に「家具」等と記載。特に記載なし。	家具等使用料を合理的に区分し課税
倉庫使用料（同一敷地内に設置されるもの）		
入居者の選択にかかわらず、あらかじめ倉庫を設置している場合	「倉庫使用料を含む。」賃貸借物件に「倉庫」と記載。特に記載なし。	非課税
入居者の選択により倉庫を利用させている場合	「倉庫使用料を含む。」賃貸借物件に「倉庫」と記載。特に記載なし。	倉庫使用料を合理的に区分し課税

	空調施設利用料（設置済みの冷暖房施設により各戸の冷暖房及び空調を行うマンションの場合。）	「空調施設利用料を含む。」特に記載なし。	非課税
	給湯施設利用料（各戸の台所・浴室・洗面所に常時給湯サービスが可能な施設を有するマンションの場合（各戸の使用実績はとらない。））	「給湯施設利用料を含む。」特に記載なし。	非課税
	電気・ガス・水道利用料（各戸に対し電気・ガス・水道の供給サービスを行っているマンションの場合（各戸の使用実績はとらない。））	「（電気等）利用料を含む。」特に記載なし。	非課税
	換気設備利用料（設置済みの換気設備で各戸の強制換気を行うマンションの場合。）	「換気設備利用料を含む。」特に記載なし。	非課税
	衛星放送共同アンテナ使用料（各戸に配線済みであるが、衛星放送受信のためには、各戸において別途BSチューナーを設置し、個々に受信契約を締結する必要がある。）	「衛星放送共同アンテナ使用料を含む。」特に記載なし。	非課税
	CATV利用料（各戸に配線済みであり、通常のテレビ放送については、アンテナ端子に配線するだけで簡単に受信できるが、有線放送や衛星放送については、各戸において別途ケーブル・テレビジョン会社と契約する。）	「CATV利用料を含む。」特に記載なし。	非課税
ハウスキーピング料			
	入居者の選択の如何にかかわらず、あらかじめハウスキーピング・サービスを付している場合	「ハウスキーピング料を含む。」特に記載なし。	非課税
	入居者の選択によりハウスキーピング・サービスを付している場合	「ハウスキーピング料を含む。」特に記載なし。	ハウスキーピング料を合理的に区分し課税

管理料（共用部分の清掃、メインテナンス等に係る費用）	「管理料を含む。」特に記載なし。	非課税
警備料		
マンション全体の警備を行う場合	「警備料を含む。」特に記載なし。	非課税
マンション全体の警備のほか、ホームコントロール盤により専用部分（各住宅）の防犯・防火等のチェックを行う場合	「警備料を含む。」特に記載なし。	非課税
ルーム・メインテナンス料（居室内の施設・設備のトラブルについては、専門スタッフによる修理・点検を行う。）	「ルーム・メインテナンス料を含む。」特に記載なし。	非課税
フロント・サービス料（メッセージ・サービス、荷物預かりサービス、荷物配送サービス、クリーニング取次ぎサービス等）	「フロント・サービス料を含む。」特に記載なし。	非課税

○**賃料とは別に次の名目で賃貸人が収受する金銭の取扱い**

請求名目	請求名目の内容	課非区分
駐車場利用料	車所有の有無にかかわらず1戸につき1台分以上の駐車場が付属する場合	課税
	入居者の選択により賃借する場合	
プール・アスレチック施設利用料	プール・アスレチック施設利用料	課税
	住人以外利用可	
家具・エアコン等使用料	入居者の選択にかかわらず、あらかじめ設置している場合	課税
	入居者の選択により家具等を設置している場合	
倉庫使用料	入居者の選択にかかわらず、あらかじめ設置している場合	課税
	入居者の選択により倉庫を利用させている場合	

●第6章　業種別事例紹介

衛星放送共同アンテナ使用料	各戸に配線済み。ただし、衛星放送受信のためには各戸において別途BSチューナーを設置し、個々に受信契約を締結する必要がある。	非課税
CATV利用料	各戸に配線済み。ただし、通常のテレビ放送のほか有線放送や衛星放送については、各戸において別途ケーブル・テレビジョン会社と契約する必要がある。	非課税
空調施設利用料	専用・共用部分を含めた全館の空調施設利用料	非課税
給湯施設利用料（各戸の台所・浴室・洗面所の給湯利用料）	各戸の使用実績を請求する場合	課税
	一定額を請求する場合	
電気・ガス・水道使用料	各戸の使用実績を請求する場合	課税
	一定額を請求する場合	
管理料	共用部分の管理料	非課税
	一戸当たり均一額を収受する場合	
	実績を各戸の専有面積で按分計算する場合	
警備料	マンション全体の警備を行う場合	非課税
	マンション全体の警備のほか、ホームコントロール盤により専用部分（各住宅）の防犯・防火等のチェックを行う場合	
ハウスキーピング料	定期的に全戸を対象に行う場合	課税
	希望により実施することとしている場合	
ルーム・メインテナンス料	居室内の施設・設備のトラブルについては、専門スタッフによる修理・点検を行う	課税
修繕積立金	共用部分の修繕及び各戸の配管、配線、バルコニー等専用部分の修繕等に充てるため収受するもの	非課税

(注) 契約書等において賃料の明細として「○○利用（使用）料××円を含む。」との表示がある場合の当該表示された金額は、「賃料とは別の名目で収受する金銭」に該当します。

【関係法令通達】
　消費税法別表第一第13号、消費税法基本通達6-13-1、6-13-2、6-13-3

著者紹介

北詰健太郎（きたづめ けんたろう）
　1984年岐阜県岐阜市生まれ
　2008年同志社大学法学部法律学科卒
　2009年司法書士登録
　司法書士法人 F & Partners 代表社員 http://www.256.co.jp/
　少額債権回収、事業承継、ABL、組織再編など企業法務を中心に取り組む。
　・日本司法書士会連合会司法書士総合研究所企業法務研究部会研究員
　・山形大学人文学部特別講師・千葉商科大学特別講師・同志社大学非常勤講師
　・一般社団法人与信管理協会関西支部事務局長
【主要著書】「Q&Aと記載例から学ぶ!! BtoBの少額債権の管理・保全・回収の実務」NBL1019号・1021号・1023号・1025号・1027号・1029号（すべて2014年）／『法人・組合と法定公告』共著（全国官報販売協同組合、2014年）

濱田康宏（はまだ やすひろ）
　1966年広島県福山市生まれ
　1990年東京大学経済学部卒業
　　太田昭和監査法人（現新日本有限責任監査法人）東京事務所勤務
　1994年広島県福山市にて公認会計士事務所開設
　2007年より濱田会計事務所（濱田康宏公認会計士・税理士事務所）所長
　　http://www.hamadaac.jp/
【主要著書】『役員給与・使用人給与』（中央経済社、2014年）／『法人税の鉄則50』共著（中央経済社、2014年）／『法人税の純資産』共著（中央経済社、2012年）

少額債権の管理・保全・回収の実務

2015年3月13日　初版第1刷発行

著　　者	北　詰　健太郎
	濱　田　康　宏

発行者　塚　原　秀　夫

発行所　㍿　商　事　法　務
〒103-0025　東京都中央区日本橋茅場町3-9-10
TEL 03-5614-5643・FAX 03-3664-8844〔営業部〕
TEL 03-5614-5649〔書籍出版部〕
http://www.shojihomu.co.jp/

落丁・乱丁本はお取り替えいたします。　印刷／そうめいコミュニケーションプリンティング
©2015 Kentaro Kitazume, Yasuhiro Hamada　　Printed in Japan
Shojihomu Co., Ltd.
ISBN978-4-7857-2254-8
＊定価はカバーに表示してあります。